Dieter Jaehrling

75 JAHRE FRIEDEN IN DEUTSCHLAND

EINE LEBENSGESCHICHTE

VINDOBONA
VERLAG SEIT 1946

Bibliografische Information
der Deutschen Nationalbibliothek:

Die Deutsche Nationalbibliothek
verzeichnet diese Publikation in
der Deutschen Nationalbibliografie.
Detaillierte bibliografische Daten
sind im Internet über
http://www.d-nb.de abrufbar.

www.vindobonaverlag.com

© 2024 Vindobona Verlag

ISBN 978-3-903574-25-0
Lektorat: Isabella Busch
Umschlagfoto:
Butenkow | Dreamstime.com
Umschlaggestaltung, Layout & Satz:
Vindobona Verlag

Gedruckt in der Europäischen Union
auf umweltfreundlichem, chlor- und
säurefrei gebleichtem Papier.

Inhaltsverzeichnis

Vorwort

Dieses Deutschland feiert 75 Jahre in Frieden – auch eine Lebensgeschichte.

Dieses Deutschland ist ein Land, das aus zwei Ländern entstanden ist, die sich nach dem Zweiten Weltkrieg vom Gedankengut des Nationalsozialismus gelöst und demokratische Staaten gebildet hatten. Alle Bürger dieser beiden Staaten bezeichneten sich und fühlten sich als Deutsche und wurden in anderen Ländern auch als Deutsche angesehen. Die beiden Staaten organisierten sich zwar auf sehr unterschiedliche Weisen, aber beide Staaten konnten sich dann schließlich doch zusammenfinden, sodass wir nun dieses geeinte Deutschland haben und genießen können.

Wir leben nun 75 Jahre in diesem Staat in Frieden. Wir hatten in dieser Zeit keine Kriege zwischen den einzelnen Ländern oder mit Nachbarländern. Wir hatten selten so lange friedliche Zeiten zwischen den einzelnen heutigen Bundesländern und Nachbarstaaten.

Wenn man den „Geburtstag" des heutigen Deutschlands ermitteln will, hat man Probleme: Soll man die Einführung der D-Mark 1948 als Startpunkt nehmen oder die Verabschiedung des Grundgesetzes? Für die Bevölkerung Westdeutschlands damals war die Grundgesetzverabschiedung sicherlich zunächst weniger wichtig als die Einführung der D-Mark. Denn damit begann schließlich der Aufstieg der deutschen Wirtschaft, man konnte wieder viele Waren kaufen, auch wenn schnell alles wieder teurer wurde.

Deutschland wurde schließlich auch nicht als Deutschland gegründet, sondern als Bundesrepublik, die von den Bundesländern weitgehend mitgetragen wurde. Außen vor blieben die Länder, die später in der DDR zusammengefasst wurden: Mecklenburg-Vorpommern, Sachsen-Anhalt, Thüringen, welch riesiges Gebiet, das aber von den Siegermächten den Russen zugesprochen worden war.

Am deutlichsten zeigte sich diese Entwicklung in Berlin, dessen Stadtteile auch zwischen den vier Siegermächten aufgeteilt wurden, was vor allem zum russischen Sektor hin noch Jahre später spürbar blieb.

Aber gleichgültig, welchen der Termine man nimmt, die Daten sollten angemessen gefeiert werden. Schon bald nach dem Krieg wurde am 21.6.1948 die DM eingeführt. Am 23.5.1949 dann das Grundgesetz beschlossen, das im Vorfeld nicht von allen Bundesländern positiv beurteilt wurde. Das hat sich dann schnell geändert. Die DDR erhielt am 7.10.1949 ihre Verfassung, die von den Russen vorgegeben wurde, und dies erklärt, warum sich beide Länder so unterschiedlich entwickelten und nach den unterschiedlichen Verfassungen letztendlich auch entwickeln mussten.

Auch die Wiedervereinigung mit der DDR am 3.10.1990 ist ein solcher Geburtstag, wenn er auch für viele Westdeutsche weniger bedeutsam war.

Ich wünsche mir und hoffe, dass dieses Buch dazu beiträgt, dieses 75-jährige Jubiläum angemessen zu begehen und zu feiern.

Einführung

Mein Leben in diesem wunderbaren Land

Gleich vorab: Dies ist keine historische Beschreibung der Geschichte der Bundesrepublik, denn ich kann mir nicht vorstellen, dass mir das angemessen gelingen würde. Es ist auch keine Biografie im engeren Sinne des Wortes und dennoch die Beschreibung der Zeit auch meines Lebens. Denn ich meine, dass es Zeit ist, auf die vielen glücklichen Jahrzehnte zu blicken, die hinter uns liegen. Wann hatte Deutschland schon eine so lange friedliche Zeit, wann eine Zeit, in der es fast permanent aufwärtsging?

Es sollen hier nicht die vielen Konflikte und Schwierigkeiten, die es ja auch gab, verschwiegen oder verniedlicht werden. Es soll auch nicht heruntergespielt werden, dass es ganz viele Menschen gab, die an dem Aufstieg nicht teilnehmen konnten. Denn die Teilung Deutschlands nach dem Krieg hat sowohl politisch und gesellschaftspolitisch ganz allgemein, als auch in den Familien oft schlimme Probleme verursacht. Wie gesagt: Es soll nichts verschwiegen werden, aber es soll aus der Sicht eines Menschen erzählt werden, der in dieser Zeit in Westdeutschland aufwuchs und dort lebte. Deshalb erhebe ich auch nicht den Anspruch, diese Periode Deutschlands historisch richtig, geschweige denn vollständig zu beschreiben. Es sind Erinnerungen, nicht mehr, aber auch nicht weniger.

Ich bin sicher, dass viele Menschen in dieser Zeit nicht glücklich waren oder sich glücklich fühlten oder auch gar nicht gemerkt haben, in welcher glücklichen Zeit sie lebten. Sie waren ja oft viel zu sehr damit beschäftigt, ihre Lebensziele zu verfolgen. Lebensziele, die sich immer wieder veränderten, die immer anspruchsvoller und ehrgeiziger wurden, was für Deutschland auch gut war, denn dadurch wurde Deutschland so hervorragend wieder aufgebaut. Aber für diejenigen, die dies getan haben, war es Tag für Tag harte Arbeit, es wurde ihnen schließlich nichts davon geschenkt. Sie mussten sich alles hart erarbeiten.

Warum ich das aufschreibe? Nun, einerseits ist es ein Rückblick auf ein sehr erlebnisreiches und buntes Leben, und andererseits merke ich immer wieder, wie wenig viele Menschen heute von dem wissen, was unser Leben damals prägte und auch heute noch prägt, und vor allem wissen sie oft nicht, warum dies so zu jener Zeit entstanden ist.

Was sicherlich viel zu kurz kommt

Das ist mit Sicherheit die DDR und das Leben in ihr. Ich bin dort ein paarmal gewesen, kann mir aber über das Leben dort kein Urteil erlauben. Denn auch das, was wir von unseren Verwandten dort erfahren haben, sind nur ein paar Bruchstücke, die ein Urteil über das Leben dort nicht zulassen. Wir wussten insgesamt als Jugendliche, aber auch als Erwachsene später zu wenig darüber, wie es „drüben" Tag für Tag wirklich war, wussten eigentlich nur, dass es bei uns besser war. Durch den Kontakt mit den Verwandten meines Vaters erfuhren wir oft etwas darüber, wie es ihnen ging, wie schwierig für den Schwager meines Vaters die Arbeit war; wir erfuhren, wie wenig sie sich leisten konnten, was ihnen an Lebensmitteln und vor allem auch an Genussmitteln fehlte, aber wir wussten sehr wohl, dass das nur Bruchstücke dessen waren, was bei ihnen das Leben wirklich ausmachte. Und die Berichte in unserer Presse, die oft darüber berichtete, wie das Staatssicherheitssystem die Gesellschaft unterwanderte, nahmen wir wahr, konnten uns aber doch nicht so richtig vorstellen, was das im Alltag bedeutete.

Auch von einem Bekannten erfuhr ich einiges. Er war als Tierarzt mit seiner Frau in die DDR gegangen, weil er diese Volksdemokratie für richtiger hielt als das westdeutsche System. Er hatte alles versucht, sich dort einzufügen und einzuleben, es war ihm und seiner Frau aber nicht gelungen, sodass sie nach zweieinhalb Jahren wieder nach Westdeutschland zurückgingen, wo ich ihn dann auch kennenlernte.

Aber wie schon gesagt: Hierüber findet sich in diesem Buch viel zu wenig, und ich habe auch bewusst darauf verzichtet, dies durch Informationen anderer zu ersetzen, weil ich glaube, dass dies durch kompetente Äußerungen oder Darstellungen von Menschen geschehen müsste, die diese Zeit dort miterlebt haben.

Allerdings habe ich speziell im Zusammenhang mit diesem Text mich noch viel mit der DDR beschäftigt, mit Leuten gesprochen, viel gelesen und weiß daher auch, dass die DDR keine Demokratie in unserem Sinne war. Es war eine Demokratur, eine Diktatur, die sich demokratische Züge gab. Diese demokratischen Züge waren aber im Alltag für die Menschen nicht spürbar. Es war wie in jeder Diktatur so, dass der Staat vorgab, was erlaubt war, ein Mitspracherecht im demokratischen Sinne gab es nicht, und wer sich dem nicht fügen wollte, landete schnell im Gefängnis. Und in der DDR gab es keinen so langen Frieden: Der Volksaufstand 1953, der von den Russen niedergeschlagen wurde, war ein Krieg im eigenen Land, wie man ihn sich nicht schlimmer vorstellen konnte.

Um es aber auch klar zu sagen: Ich achte alle Menschen in Ostdeutschland und habe auch Mitleid mit denjenigen, die oft Schreckliches erleben mussten, bis es dann zur Wiedervereinigung kam.

Aber ich will mich hier nicht länger damit aufhalten, meine Sicht auf die DDR auszubreiten, sondern möchte mich dem demokratischen Deutschland, der Bundesrepublik, zuwenden und meinem Leben dort.

Und ich möchte am Ende hauptsächlich erzählen, wie meine Generation, besser gesagt ich selbst, diese Zeit erlebt hat.

75 Jahre Frieden

Wann hat es das vorher schon gegeben? Keiner kann sich daran erinnern, aber wir heute wissen, was das bedeutet, was es uns allen gebracht hat und auch allen anderen Völkern, mit denen wir zusammenleben. Es hat in dieser ganzen Zeit keine Anzeichen für einen Krieg gegeben, obwohl die Beziehung zwischen der Bundesrepublik und der DDR ziemlich problematisch war. Aber schon bald nach dem Krieg wurde am 21.6.1948 die DM eingeführt. Am 23.5.1949 dann das Grundgesetz beschlossen, das im Vorfeld nicht von allen Bundesländern positiv beurteilt worden war. Aber das Grundgesetz hat in diesen 75 Jahren für Rechtssicherheit in Deutschland gesorgt und die Gesetzeslage in Deutschland immer wieder positiv beeinflusst. Das ist auch heute noch so, und deshalb ist das Grundgesetz auch nach wie vor völlig unumstritten.

Viele Menschen haben in dieser Zeit hart gearbeitet und beziehen inzwischen oft auch eine gute Rente. Nach dem Krieg waren viele erleichtert: Hurra, wir leben noch und wir wollen nun gut leben und sorgen durch unsere Arbeit dafür. Menschen haben sich Schrebergärten einrichten können und so zuerst durch den Anbau von Gemüse ihre Lebensmittelversorgung deutlich verbessert. Oft gibt es diese Schrebergärten heute noch, und oft wurden sie auch zu Wohnstätten ausgebaut.

Es gibt viele Firmen, die in zwischen ein Jubiläum feiern können, die jahrzehntelang gut gearbeitet und gut Geld verdient haben.

Meine Kindheit und Jugend

Ich bin als zweiter von drei Söhnen meiner Eltern 1939 ganz kurz vor dem Ausbruch des Zweiten Weltkrieges in Teichwalde geboren. Das Dorf gehörte damals zu Brandenburg und mein

Vater war dort Volksschullehrer. Heute gehört dieses Dörfchen zu Polen.

Mein Vater wurde sehr früh in den Krieg eingezogen, ich habe ihn eigentlich kaum richtig kennengelernt. Von der Zeit in Teichwalde weiß ich nur ganz wenig. Ich weiß, dass ich einmal beim Milchholen aus Angst vor den Gänsen, die unten an der Treppe standen, die Treppe heruntergefallen bin, dass ich einmal in einem Badesee beinahe ertrunken wäre. Ich erinnere mich auch noch an die große Brache vor unserem Haus, die schöne Sandkiste, das Klohäuschen auf dem Hof, die Kirschbäume im Garten. Uns Kindern ging es gut, wir hatten ja keinerlei Vorstellung von dem, was in der Welt vorging.

Mein älterer Bruder und ich bekamen in Teichwalde noch viele Kinderkrankheiten, auch Masern und Scharlach. Für meine Mutter muss das sehr schwer gewesen sein, denn die ärztliche Versorgung auf dem Land war natürlich nicht gut. Die Angst um ihre Kinder, die Schwangerschaft 1940 mit unserem jüngeren Bruder, die Angst um ihren Mann im Krieg, es muss für sie schrecklich gewesen sein. Sie bekam aber Hilfe durch eine Nichte, Tante Traudl, die meine Lieblingstante wurde, so wie ich ihr Liebling war. Das Verhältnis zu ihr blieb bis zu ihrem Tod sehr eng und liebevoll.

Die Menschen, die ich erwähne, benenne ich immer mit ihrem Vornamen, wer sie kennt, weiß, wer gemeint ist, anderen würden die Nachnamen auch nicht helfen.

1941 wurde unser jüngerer Bruder geboren, ich bin das Sandwich zwischen den beiden. Ich mag die beiden auch heute noch sehr gerne. An meinen Vater habe ich nur ganz wenige Erinnerungen, er wurde schon bald nach meiner Geburt eingezogen und war daher auch kaum zu Hause. Wenn er da war, hat er sehr viel fotografiert, und er hat die Bilder auch selbst entwickelt und kopiert, sodass wir viele Kinderbilder haben, auch einige mit ihm. Er hat auch sehr schöne Bilder gemalt, spielte auch Geige. Eins seiner Bilder habe ich heute noch, mein älterer Bruder lernte als Kind auf seiner Geige spielen, hat es aber dann früh aufgegeben.

Unser Vater ist am 3. November 1943 auf der Krim gefallen. Unsere Mutter wusste das schon, bevor sie die offizielle Nachricht bekam, dass er verletzt worden wäre. Ich erinnere mich sehr genau, dass sie uns eines Tages alle drei umarmte und auf den Schoß nahm und dabei ganz lange schrecklich weinte. Die Nachricht, er sei nur verwundet und von den Russen gefangen genommen worden, hatte sie nie ernsthaft geglaubt, obwohl sie doch auch jahrelang hoffte, er würde doch noch zurückkommen. Und als die ersten Gefangenen aus Russland nach Deutschland gebracht wurden, hat sie immer versucht herauszubekommen, ob er nicht vielleicht doch dabei wäre.

Die Mutter unserer Mutter, die mit ihrem Mann in Berlin lebte, meinte schon sehr früh, dass Deutschland den Krieg bald verlieren würde, und riet daher meiner Mutter, Teichwalde zu verlassen. Unsere Mutter wollte das lange nicht, weil sie sagte, ihr Mann würde sie ja nicht finden können, falls er als Verwundeter zurückkäme. Schließlich hat sie sich dann aber doch dazu entschlossen und Kontakt zu den Verwandten in München aufgenommen. Dort hatte sie gewohnt, als sie in München ihr Abitur machte. Dort verband sie mit der einen Tochter, ihrer Kusine, eine enge Beziehung. Diese Verwandten hatten ein kleines Schloss im Altmühltal, das der Vater dieser Kusine einmal kurzerhand gekauft hatte. Er was Denkmalpfleger von ganz Bayern gewesen, hatte sich daher dienstlich um solche Baudenkmäler zu kümmern und war dadurch auf das Schlösschen gestoßen, das zu verrotten drohte.

Die Familie hatte das Schloss immer nur im Sommer bewohnt, war aber im Krieg dann aus München dorthin umgezogen, jedenfalls die Frau, diese Kusine mit ihren beiden Söhnen. Die Kusine, der das Schloss nun gehörte, bot meiner Mutter an, mit uns dort hinzuziehen. Meine Mutter zögerte erst noch ein wenig, weil ihr Mann sie dort nie finden könnte, folgte dann aber doch dem Rat ihrer Mutter, wohl auch aus Sorge um ihre Kinder.

Mein Großvater konnte sogar noch einen richtigen Umzug organisieren, sicherlich ein Meisterstück in diesem Krieg. So zogen wir mit all unseren Möbeln nach Inching in dieses ehemalige Bischofsschlösschen.

Inching war ein kleines Bauerndorf mit zehn oder elf Häusern, meistens kleine Bauern, die oft von dem Land, das sie bebauten, kaum leben konnten. Es gab eine größere Familie, die nicht aus dem Dorf stammte. Sie hatten das Haus, in dem sie wohnten, im Dritten Reich erhalten, weil die Eltern 12 Kinder hatten. Das war im Dritten Reich üblich. Diese Familie galt im Dorf – wie wir heute sagen würden – als asozial.

Es gab einen Wirt – wie sollte das in Bayern anders sein –, es gab einen Schreiner und sonst keine Geschäfte. Es gab noch einen Besenmacher, der in einem Haus alleine lebte, das schon von außen vollkommen verwahrlost aussah, und so sah er auch selbst aus. Er machte Besen, die er dann in dem Dorf und auch in Nachbardörfern „verkaufte" – oft erhielt er dafür nur Lebensmittel. Er wurde nie ins Haus gelassen, weil man wusste, dass er sehr viele Flöhe hatte, und man die nicht abbekommen wollte. Die gab es sowieso schon überall.

Auch meine Großeltern aus Berlin und die Schwester meiner Mutter, die gelähmt war und von ihrer Mutter versorgt werden musste, zogen nach Inching, das Schlösschen füllte sich. Nach dem Krieg wurde noch eine Flüchtlingsfamilie eingewiesen, die sich aber überall unbeliebt machte, warum weiß ich gar nicht.

Das kleine Bauerndorf Inching liegt direkt an der Altmühl, für alle Kinder ein wunderbares Spielfeld. Einen Kilometer entfernt liegt Pfünz, ein etwas größeres und älteres Dorf; es heißt so, weil dort eine Brücke – lateinisch pons – über die Altmühl führt. Auf der anderen Seite des Flusses ging der Limes entlang. In Pfünz gibt es einen kleinen Hügel, auf dem einmal ein römisches Kastell gelegen haben soll, das man inzwischen nachgebaut hat. Das geschah aber erst 1960, wurde Anfang der Neunzigerjahre erweitert und verbessert.

Inching hatte eine Besonderheit, denn in der Nähe lag eine Höhle, in der man das Skelett eines Mammuts gefunden und geborgen hatte. Das Mammut steht heute in Eichstätt im Museum. Die Mammuthöhle haben wir als Kind oft besucht, wenn wir dort in der Nähe Pilze gesucht und gesammelt haben. Für uns war die Mammuthöhle, wie sie bei uns hieß, in die man damals einfach hineingehen konnte, irgendwie geheimnisvoll, da wir dort an die Jahrtausende dachten, in der diese Mammuts in dieser Gegend gelebt haben mussten.

Wir hatten im Schlösschen zwei Zimmer im Erdgeschoss, die Wände dort waren über einen Meter dick und sehr feucht, weil das Schloss ja direkt an der Altmühl stand und bei den Überschwemmungen, die bis ans Haus gingen, im Frühjahr viel Wasser in die Wände zog. Es war auch immer nur im Sommer bewohnt gewesen. Und meine Tante Lis wohnte mit ihrer Familie oben, wo die Wände dünner und trockener waren.

Bei uns unten gab es zuerst keinen Strom, oben erst auch nicht. Aber ich weiß noch, dass die beiden Söhne meiner Tante, die technisch immer sehr interessiert waren, an Radios bastelten und sie auch für andere reparierten, dann Leitungen im Haus verlegten. Durch die ständige Feuchtigkeit wurde mein älterer Bruder immer wieder krank, er hatte eigentlich ununterbrochen Bronchitis; mein jüngerer Bruder und ich vertrugen das Raumklima besser.

Meine Brüder versuchten, mir dabei zu helfen, nicht ins Bett zu pinkeln, indem sie mich nachts oft weckten; aber auch das war immer wieder vergebliche Liebesmüh.

Jahrzehnte später hat mir ein Arzt einmal bei einer Familienaufstellung gesagt, das wäre seiner Vermutung nach keine organische Krankheit gewesen, sondern psychisch bedingt, ich hätte wahrscheinlich um meinen Vater geweint. Er hatte vorher gefragt, ob meine Mutter oft um ihn geweint hätte, das wusste ich ja nicht, gesehen haben wir es nicht oft. Wir hatten bei unserem Abendgebet immer auch den Vater mit einbezogen. Ich weiß, dass unsere Mutter ihren Mann nie vergessen hatte, weiß aber, dass einmal ein Mann um sie geworben hatte und sie uns fragte, ob sie ihn nehmen sollte. Wir wussten nicht, was wir sagen sollten, und meinten nur: *„Wenn wir dann mehr Geld haben."* Wir hatten ja keine Vorstellung von der Rolle eines Vaters in einer Familie.

Im Dorf wurden wir gut aufgenommen, weil wir zum Schloss gehörten. Meine Tante war im Dorf bei allen sehr beliebt und auch sehr gastfreundlich allen Menschen gegenüber. Als der Krieg vorüber war und die ersten Leute in Deutschland wieder ein wenig Urlaub machen konnten, kamen oft Paddler auf der Altmühl am Schloss vorbei, wurden immer freundlich begrüßt und im Sommer auch oft zu einem Glas Saft oder auch einem Stück Kuchen eingeladen. Manchmal entstanden daraus jahrelange freundschaftliche Beziehungen zwischen meiner Tante und den Urlaubern.

Ich war von Anfang an viel bei einem Bauern, der schräg gegenüber seinen Hof hatte. Der Hof gehörte Sterners. Die Familie hatte einen Sohn und drei Töchter, die ich sehr gerne mochte und sie mich auch. Der Sohn kam kurz nach dem Krieg zurück, er war Soldat gewesen, damit aber nicht gut zurechtgekommen und das zeigte sich auch noch nach seiner Rückkehr. Die drei Mädchen bewirtschafteten den Hof und ich Knirps versuchte mit allen Kräften zu helfen. Die Arbeit auf dem Hof machte mir richtig Spaß, ich fand das viel schöner als die Schule.

Arbeit gehörte auch für uns Kinder zum täglichen Leben. Das Schloss hatte einen großen Garten, von dem unsere Familie einen Teil bepflanzen durfte. Da wurde Gemüse angebaut, was nach dem Krieg ganz wichtig war, weil wir dadurch mehr zu essen hatten. Es wurden Buschbohnen, Stangenbohnen, Salat, Gurken, Kräuter und auch Kartoffeln und manchmal auch Erdbeeren angebaut. Wir Kinder mussten natürlich Unkraut jäten, damit das Gemüse besser wachsen konnte, wovon wir gar nicht begeistert waren, aber was auf der anderen Seite auch selbstverständlich war. Wir Kinder bekamen auch ein ganz kleines Stückchen Land zugeteilt, auf dem wir etwas anpflanzen konnten. Ich erinnere mich, dass wir Radieschen aussäten, es aber nicht abwarten konnten, bis sie groß genug waren. Deswegen haben wir oft an ihnen gezogen, damit sie schneller wachsen, aber natürlich gingen sie dann ein.

Wir hatten auch immer Stallhasen, die, wenn sie klein waren, sehr von uns geliebt wurden; wir nahmen sie dann mit ins Zimmer und spielten dort mit ihnen, aber wissend, dass sie später geschlachtet werden sollten – dann gab es aber nur an Feiertagen Hasenbraten. Wir mussten uns um die Hasen kümmern, ihnen täglich Futter holen, indem wir von den Wegrändern zum Dorf frisches Gras holten, wenn das Unkraut aus dem Garten nicht reichte. Wir fanden es nicht schlimm, wenn die Hasen geschlachtet wurden, denn es war auf dem Land üblich, Tiere zu schlachten und zu essen. Das geschah auch mit den Hühnern, Ziegen oder Schafen. Wir waren es gewohnt, so wie alle anderen auch. Es war jedes Mal ein Festessen, denn es gab sehr selten Fleisch, höchstens manchmal einen Sonntagsbraten. An anderen Tagen gab es nie Fleisch, ab und zu Eier oder auch Fisch, denn der Sohn meiner Tante Lis nahm für den Wirt des Dorfes die Fischrechte wahr und gab unserer Mutter manchmal einen ab.

Das Haus wurde wie alle Häuser damals mit Holz geheizt. Die Bäume wurden im Winter geschlagen, im Frühjahr dann gesägt, gehackt und im Hof aufgestapelt, um im Sommer zu trocknen; im Herbst wurde das Holz dann in die Holzlege gebracht. Wir Jungen haben allerdings fast das ganze Jahr über immer auch Holz aus dem Wald geholt. Äste, die herumlagen, durfte man in bestimmten Gebieten sammeln. Wir wussten selbstverständlich, dass es am besten war, Buchenholz zu sammeln, weil das mehr Wärme gibt als Fichtenholz, und so zogen wir mit unserem Leiterwagen da hin, holten so viel wie auf den Wagen ging, schnitten zu Hause dann die Äste klein, stapelten sie zu dem anderen Holz oder brachten es gleich in die Holzlege. Auch das sorgte dafür, dass Geld gespart wurde. Wir hatten ja so wie alle nur ganz wenig Geld. Wir fanden diese Arbeit aber nicht belastend, sondern schön, so wie die Arbeit im Garten und bei den Bauern auch.

Ich weiß nicht, wie unsere Mutter uns damals überhaupt durchbringen konnte. Drei Söhne, die immer wuchsen, also auch immer wieder neue Kleidung brauchten, die aber zum größten Teil von unserer Großmutter genäht wurde. Aber wir hatten auch immer Hunger. Eine Witwenrente erhielt sie nicht, auch keine Waisenrente für uns, das ganze Sozialsystem gab es noch nicht und ihren Beruf konnte sie lange Zeit auch nicht ausüben.

Unsere Hosen wurden aus Zeltplanresten genäht; das war praktisch, denn die Hosen hielten dadurch länger. Da wir die

Hosen auch bei unserer Arbeit im Garten oder im Holz trugen, war es gut, dass sie so fest waren.

Wir Kinder durften in den Garten gehen, aber erst an die Altmühl, als wir schwimmen konnten. Das haben wir dann mit fünf/sechs Jahren auch gelernt und im Sommer genossen.

Unsere Mutter wurde bald Gemeindeschreiberin, gab auch Nachhilfeunterricht und kolorierte für Schwester Dorothee von dem Kloster St. Walburg in Eichstätt Marienbilder, die von dem Kloster vor allem nach Amerika verkauft wurden. Sie musste die Bilder in Eichstätt im Kloster abholen und dann auch wieder hinbringen, fuhr fast immer mit dem Fahrrad; das war in dieser Zeit nicht ungefährlich.

Denn die Straße führte weitgehend am Talhang entlang und dort gab es viele kleine Höhlen, in denen sich oft Soldaten oder geflohene Kriegsgefangene versteckten, die Leute überfallen wollten, um etwas zu essen zu kriegen. Unsere Mutter erzählte uns, dass sie auch einmal bedroht worden war, aber den Angriff abwehren konnte, sodass ihr nichts geschah. Sie kaufte in Eichstätt dann auch immer für die ganze Woche ein, wovon sie das überhaupt bezahlen konnte, weiß ich nicht. Sie erhielt zwar für die Arbeit für das Kloster ein wenig Geld, viel kann es aber nicht gewesen sein. Und eine Rente bekam sie – wie schon gesagt – nicht.

Auch wir wurden zum Einkaufen geschickt, dann aber nach Pfünz, denn in diesem Nachbarort – nur einen Kilometer entfernt – gab es einen kleinen Laden, für damalige Verhältnisse ein Supermarkt, der viele unterschiedlichen Sachen hatte, aus heutiger Sicht ein kleiner Kramladen, aber man konnte dort auch viele Sachen kriegen, die man dann eben nicht aus Eichstätt holen musste. Wir zogen immer mit unserem Leiterwagen da hin, gaben im Laden die Liste ab, die man uns mitgegeben hatte, nahmen die Waren; bezahlt wurde später von den Erwachsenen.

Das Kriegsende haben wir in dem kleinen Dorf miterlebt. Das Altmühltal galt bei den Amerikanern als Gebiet, das von den Nazisoldaten besetzt war. Die Amerikaner flogen vor Kriegsende oft mit Tieffliegern durch das Tal und schossen auf alles

Lebendige, was sie sahen. Als Kinder auf dem Weg zur Schule in Walting, wohin wir drei Kilometer zu Fuß laufen mussten, lernten wir schnell, dass man sich sofort auf den Boden werfen musste, am besten noch ein wenig versteckt oder hinter einem Baum, sobald man sie kommen hörte. Und man hörte sie lange, bevor man sie sah oder sie uns ggf. sehen konnten. Uns und anderen Dorfbewohnern ist aber nie etwas dabei passiert.

Sonst war vom Krieg dort nur selten etwas zu spüren. Am Kriegsende sprengten die deutschen Soldaten die Brücke über die Altmühl, um zu verhindern, dass die Amerikaner ihnen folgen konnten. Aber die Sprengsätze explodierten nur am Aufgang der Brücke, sodass die Brücke selbst heil blieb und auch benutzt werden konnte, weil man das tiefe Loch, das durch die Sprengung am Brückenaufgang entstanden war, leicht zuschütten konnte. Wir Kinder haben dann später Sprengsätze in der Brücke gefunden, die nicht explodiert waren, und sie wurden problemlos entsorgt. Außer der Brücke wurde nur eine Scheune in Brand geschossen; sie wurde von der Bevölkerung wieder aufgebaut.

Als dann die deutschen Soldaten durch das Tal flüchteten, entstand kurz Unruhe, aber es fanden im Dorf keine Kämpfe statt. Die Soldaten warfen alles weg, was sie nicht mehr brauchten, oft auch ihre Uniform oder Teile davon. Wir konnten damit nichts anfangen. Sie flohen alle ziemlich schnell vor den Amerikanern, warfen alles weg, was sie hatten und was sie als Soldaten kenntlich machen konnte, sodass wir Kinder später im Wald oft Waffen aller Art fanden; Dolche, Säbel, Pistolen, Gewehre, auch Maschinengewehre und Munition. Wir versteckten diese Sachen meist in einer der kleinen Höhlen im Talhang. Am Ende gaben wir sie dann aber doch immer wieder ab, auf die Idee zu schießen kamen wir nie, hätten auch nicht gewusst, wie das ging. Die Patronen haben wir manchmal geöffnet und das Pulver herausgenommen und dann angezündet, zum Entsetzen unserer Mutter einmal auf dem Fensterbrett, das aber aus Stein war, sodass nichts weiter passierte.

Nach dem Kriegsende konnte unsere Mutter einige Zeit in Eichstätt in der Schule arbeiten. Sie war Lehrerin für Mathematik, Physik und Sport, alles Fächer, die in der damaligen Zeit vor allem von Männern unterrichtet wurden. Aber die Männer fehlten überall, viele waren im Krieg geblieben und gefallen. Es gab einfach keine Männer mehr. Sie erhielt die Stelle für einige Zeit, aber da sie evangelisch war und ihr Examen in Kiel gemacht hatte, wurde sie bald darauf wieder entlassen, fand dann aber schon bald eine neue Stelle in Treuchtlingen, das lag etwa 30 Kilometer entfernt. Sie nahm die Stelle an, musste aber mit dem Zug dorthin fahren, was täglich gar nicht möglich war, sodass sie dann dort ein Zimmer nahm und uns nur alle zwei Wochen am Wochenende besuchen konnte. Wir wurden die Woche über von einer Frau betreut, die unsere Mutter angestellt hatte. Das funktionierte auch ganz gut. Aber dann hatte unsere Mutter eine kleine Wohnung in Treuchtlingen gefunden und wir zogen alle dorthin. Meine Brüder und ich waren da längst in der Schule, insofern habe ich der Zeit vorgegriffen.

Meine Brüder und ich wurden in Walting eingeschult, mein älterer Bruder wechselte dann schon bald nach Landershofen, das war morgens mit dem Zug zu erreichen, auch wenn er im Winter, wenn er da alleine am Bahnhof stand, von dem Zugführer immer mal wieder übersehen wurde und dann ganz traurig nach Hause kam.

Der Schulweg nach Walting ging über eine weite Strecke am Talhang entlang und war für uns immer ein Erlebnisweg. Man fand den ganzen Sommer und Herbst über so viel, was man essen konnte: Feldsalat wuchs damals noch oft einfach so wild auf den Feldern, im Sommer dann die Erdbeeren, Himbeeren, Brombeeren, wilde Äpfel und Birnen. Von dem Schilf an der Altmühl aßen wir den unteren Teil des Stängels, im Spätherbst aßen wir dann die Schlehen, die dort reichlich wuchsen. Wir Kinder aus Inching liefen immer gemeinsam zur Schule, das war meistens schön.

Allerdings fanden die anderen Kinder immer mal wieder, dass man die Evangelischen verhauen müsste. Wir haben uns dann mit Haselnussstöcken bewaffnet und uns auch fast immer gut gewehrt. Und da wir uns einig waren, die anderen aber nicht,

denn etliche fanden, wir seien doch sonst immer gute Spielka-
meraden, waren es keine schlimmen Bedrohungen.

In der Zeit in Inching hat unsere Mutter auch viel bei den
Bauern gearbeitet: Heu machen, Stroh binden, im Sommer Kartoffelkäfer mit uns sammeln, denn die vielen Kartoffelkäfer,
die es gab, bedrohten die Ernte stark. Wir alle halfen, Kartoffeln und Rüben zu ernten. Für uns war das selbstverständlich.
Wir hüteten die Kühe auf den Wiesen, wenn im Tal zum zweiten Mal gemäht worden war. Das gehörte jedes Jahr dazu und
machte uns auch Spaß.

Um mehr zu essen, haben wir immer und überall in der Natur nach Essbarem gesucht, also nicht nur auf dem Schulweg.
Wir gingen gemeinsam „in die Erdbeeren, Himbeeren" in die
Pilze, sammelten Bucheckern und Haselnüsse, wo wir sie fanden. Es gab damals dort viele Pilze und wir kannten bald alle
guten Plätze, um Steinpilze, Birkenpilze, Rotkappen, Parasole,
Pfifferlinge, Reizker, Butterpilze und Maronen zu finden. Wir
wussten, wo Wiesen- und Waldchampignons wuchsen, fanden
auch Hallimasch und Totentrompeten, manchmal Morcheln.
Es war für uns toll, in die Pilze zu gehen und mit viel zurück-
zukommen. Die Pilze wurden zum Teil ja auch getrocknet und
für den Winter aufgehoben.

Auch die Apfelbäume an der Landstraße waren gut für uns,
denn das Fallobst durfte man sammeln, und wir mussten nur
selten nachhelfen, um genügend zu finden. Als wir dann in
Eichstätt zum Gymnasium gingen, sammelten wir auch Wein-
bergschnecken, die man beim Fischladen abgeben konnte und
Geld dafür bekam.

Was man nicht gleich aufessen konnte, wurde getrocknet oder
eingemacht, wenn es irgendwie möglich war, denn es ging immer darum, so wenig wie möglich kaufen zu müssen. Es wurde
viel für den Winter eingemacht, vor allem Bohnen, manchmal
Birnen, aber auch Erbsen, Möhren, Gewürz- oder Salzgurken.
Auch Sauerkraut wurde selbst hergestellt. Im Herbst war dann
der ganze Keller voller Gläser und Töpfe mit Obst und Gemüse.

Es gab damals ja noch keine Gefriertruhen, selbst einen Kühlschrank hatten wir noch nicht. Heute kann man sich gar nicht mehr vorstellen, wie primitiv das Leben damals, jedenfalls aus heutiger Sicht, war.

Für die Arbeiten bei den Bauern gab es kein Geld, man wurde mit Naturalien entlohnt; wir bekamen im Herbst dann ein paar Sack Kartoffeln; ich glaube auch, einen Teil des Brennholzes bekamen wir von einem Bauern. Und auch zwischendurch gab es für uns Kinder immer etwas zu essen. Wir Kinder gingen oft zu dem größten Bauern im Dorf, stellten uns an das Küchenfenster und riefen: *„Bäuerin, gib mir ein Brot!"* Sie fragte dann, wie viele wir seien, wir gaben dann oft mehr an, als wir wirklich waren, sagten dann z. B. sechs statt vier und sie reichte uns dann sechs Scheiben Brot aus dem Fenster, wohl wissend, dass wir weniger waren, wie sie es unserer Mutter einmal erzählte. Aber ein Stück Brot wurde von den Bauern einem aus dem Dorf eigentlich nicht verweigert. Es kamen damals auch viele Hausierer und Bettler an die Häuser, anfangs bekamen auch sie eine Scheibe Brot, als es dann zu viele wurden, wurden sie abgewiesen.

Es kamen immer mehr Leute, auch Straßenhändler, denn diese Leute versuchten, auf diese Weise zu überleben, oft auch einfach nach Hause zu finden. Sie hatten es damit sehr schwer, weil ihnen kaum jemand etwas abkaufen wollte. Man kann sich heute keine Vorstellung mehr davon machen, wie viele Menschen in Deutschland damals hungerten, aber ich kannte bis in die Sechzigerjahre Menschen, die nie satt wurden und weiß auch aus dieser Zeit, dass eine Frau verhungerte, weil sie alles Essen ihren Kindern gab.

Auf den Bauernhöfen gab es damals noch viele Mägde und Knechte, es gab für die Feld- und Hofarbeit noch kaum Maschinen, also musste alles mit der Hand gemacht werden. Die Knechte und Mägde waren auf die Hausierer und Bettler besonders wütend und jagten sie immer weg, sobald sie ihrer ansichtig wurden. Sie mussten ja von früh bis spät für ganz geringes Geld bei den Bauern arbeiten. Sie bekamen dann im Herbst ihren

Lohn ausgezahlt, mussten davon bis zum Frühjahr überleben, denn nur ganz wenige durften im Winter auf dem Hof bleiben.

Es gab nach dem Krieg viele Menschen, die auf der Suche nach ihren Verwandten waren, und es gab viele Flüchtlinge aus den Ostgebieten, aus denen wir auch stammten. Die Flüchtlinge waren nirgends beliebt, suchten immer wieder einen neuen Anfang, suchten auch Arbeit, aber die gab es damals kaum. Überall da, wo ein wenig Platz war, wurden ihnen Zimmer zugewiesen, gern gesehen wurden sie aber nicht.

Es war für viele Menschen eine schreckliche Zeit. Ich habe sie als Kind miterlebt, aber berührt hat sie mich wenig, denn wir Kinder lebten in unserer Kinderwelt, spielten viel, arbeiten auch gerne und viel, auch die Mitarbeit bei den Bauern und zu Hause war für uns eine Art Spiel, ebenso wie der tägliche Schulweg, auf dem man so viel erleben konnte. Auch als wir dann in Landershofen zur Schule gingen, liefen wir an schönen Tagen den weiteren Weg – immerhin fünf Kilometer – nach Hause, weil wir nicht auf den Zug warten wollten, der ja nur einige Male am Tag fuhr, und dessen Fahrzeiten nicht mit den Schulzeiten übereinstimmten.

Trotz der Arbeit und der Schule blieb uns viel Zeit zum Spielen: Versteckspielen, Völkerball, manchmal sogar schon ein wenig Fußball. Wir spielten immer mit den anderen Dorfkindern, da spielte es auch keine Rolle, dass wir evangelisch waren.

Für uns, besonders für mich, war die Zeit in Inching eine schöne Zeit. Ich fing damals an, Blumen und Blätter zu sammeln und zu pressen, erhielt später auch Kosmos Hefte und begann mich für die Natur insgesamt zu interessieren. Dieses Interesse hielt lange an, auch als wir schon in der Stadt lebten. Ich war aber auch sonst „Jäger und Sammler", wie man das unter uns Kindern immer sagte, sammelte Briefmarken, später Bücher, eine Zeitlang auch Teppiche und Münzen. Aber ich sammelte eigentlich nie sehr systematisch, sodass daraus keine richtigen Sammlungen entstanden. Viel später, in Hamburg, als ich schon Germanistik studierte, konnte ich sehr viele Bücher auf einem Flohmarkt kaufen, vor allem Romanliteratur. Etwa 2000 Bände davon habe ich dann einmal einer Universität gegen eine Spendenbescheinigung gegeben.

Ich war ziemlich traurig, als wir dann nach Treuchtlingen zogen. Aber wir wussten als Kinder jener Zeit auch, dass wir uns in dieses Schicksal fügen mussten. Und wir wussten auch, dass wir immer brav sein müssen und nicht herumjammern dürfen, weil unsere Mutter es mit uns wirklich schwer genug hatte, was uns von vielen – nicht nur aus der Verwandtschaft, auch von anderen – immer wieder gesagt wurde.

Ich war ja schon in der Inchinger Zeit auf das Gymnasium gekommen, allerdings auf komische Art. Man musste damals eine Aufnahmeprüfung machen und dazu gehörte selbstverständlich eine Prüfung in Religion. Wir sollten ein Gebet aufschreiben, was ich auch machte, allerdings schrieb ich nicht unser tägliches Abendgebet auf, sondern eins, das ich aus der Schule kannte. Es war ein katholisches Gebet und ich fiel deshalb durch, weil ich ja evangelisch war. Meine Mutter, die damals noch an der Schule tätig war, legte Einspruch ein, weil ich ja in der Volksschule nur am katholischen Religionsunterricht teilnehmen konnte. Und so wurde ich dann doch aufgenommen und kam erst in Eichstätt und dann in Weißenburg aufs Gymnasium.

Mir hat die Schule nie gut gefallen, die Arbeit auf dem Bauernhof war viel interessanter für mich. Wenn ich etwas mit den Händen zu tun hatte, fühlte ich mich viel wohler. Vor dem kleinen Reihenhaus in Treuchtlingen, in dem wir eine Zweizimmerwohnung hatten, gab es die Möglichkeit, einen kleinen Garten anzulegen, das fand ich schön und habe es dann auch gemacht.

An die Zeit in Treuchtlingen habe ich nicht viele Erinnerungen. Mit vielem konnten wir so weitermachen wie in Inching, die Altmühl floss ja dort auch durch das Tal und war über eine Wiese von unserer Wohnung aus schnell erreichbar. Also ging es im Sommer oft zum Schwimmen dorthin. Und im Winter, wenn die Altwasserarme zugefroren waren, konnte man dort auch gut Schlittschuh laufen. Das hatten wir schon in Inching gelernt, ebenso wie das Skilaufen. Natürlich waren die Sportgeräte keine guten Geräte. Die Skier hatte der Dorfschreiner gemacht, es waren Lärchenbretter, die Biegung vorne an der Spitze flachte sehr schnell wieder ab, aber es war eben besser als gar nichts. Und auch die Schlittschuhe würde heute kein Kind mehr nutzen wollen. Aber wir waren froh darüber und kratzten damit übers Eis, sobald es ging.

Wir haben auch mit dem Suchen nach Beeren genauso weitergemacht wie früher, aber es dauerte natürlich eine ganze Zeit, bis wir einige Plätze fanden, an denen die entsprechenden Früchte wuchsen.

In Treuchtlingen begann für uns die Zeit, Metall zu sammeln, denn es gab dort einen Händler, der Altmetalle aufkaufte. Für Kupfer gab es ziemlich viel Geld, für Aluminium und Messing auch noch ganz schön viel, für Eisen sehr wenig, deshalb haben wir natürlich immer nach Buntmetallen gesucht. Viel Geld bedeutete, dass man ein paar Pfennige für ein Kilo bekam, aber es waren eben Pfennige, die wir sonst nirgendwoher bekommen konnten. Damit haben wir dann auch weitergemacht, als wir nach Hamburg gezogen waren.

Als unsere Mutter zwei Jahre an der Schule in Treuchtlingen unterrichtet hatte, teilte ihr die Schulbehörde mit, man könne ihre preußischen Examina nicht anerkennen. Sie müsse nun erst einmal drei Jahre studieren und ein Examen in Bayern machen. Ihr Gehalt würde sie weiter bekommen, aber dann später, wenn sie wieder beschäftigt wäre, in kleinen Raten zurückzahlen.

Unsere Mutter war entsetzt, es hatte an der Schule schließlich nie Probleme gegeben. Sie verstand diese Kehrtwende nicht, zumal ja nach wie vor nicht genügend Lehrkräfte vorhanden waren, schon gar nicht mit ihren Fächern. Sie wusste nicht, was sie nun machen sollte. Klar war ihr nur, dass sie diesen Kredit nie würde zurückzahlen können, denn dazu war das Gehalt zu gering, sie musste schließlich uns drei Jungs auch noch versorgen. Dadurch, dass sie beim Staat arbeitete, erhielt sie auch keine Witwenrente.

Wenn sie in einer Privatschule gearbeitet hätte, hätte sie zusätzlich eine Witwenrente erhalten. Das haben ihr später Kollegen in Hamburg geraten. Sie war aber zu stolz, so etwas zu tun.

Von Freunden ihrer Schwester erfuhr sie dann aber, dass man in Hamburg dringend nach Lehrkräften suchte, gerade nach Lehrkräften, die solche Fächer hatten wie sie. Sie fuhr nach Hamburg, bewarb sich mithilfe der Freunde bei der Schulbehörde und bekam sofort eine Stelle. Das war Anfang der Fünfzigerjahre.

Für mich war damit die Kindheit zu Ende. Allein die Vorstellung, nach Hamburg umzuziehen, war für uns so, wie wenn man uns gesagt hätte, wir müssten zum Nordpol umziehen. Hamburg – das war unendlich weit weg und für uns in Bayern eine ganz andere Welt. Wir hatten aber keinerlei genauere Vorstellungen, wie anders Hamburg wirklich war. Die Nachrichten über den Norden Deutschlands waren in Bayern mehr als spärlich, Fernsehen hatten wir noch nicht. Von einem Sohn der Schwester unserer Mutter, der in Hamburg bei seinem Vater lebte und ab und zu seine Mutter besuchte, hörten wir vom Hafen und den vielen Schiffen, aber wir konnten uns davon kein Bild machen.

Wir sind, wie man sieht, recht oft umgezogen, meistens weil es beruflich notwendig war. So ging es vielen Menschen damals, man zog der Arbeit hinterher. Wir waren es daher auch in der Schule gewohnt, dass plötzlich ein neuer Schüler dazukam oder einer wegzog. Für uns Kinder/Jugendliche war es einerseits schön, man lernte neue Gegenden kennen und neue Freunde, aber es war auch schwer, weil man sich von den gewonnenen Freunden dann wieder trennen musste. Durch den Umzug von Inching nach Treuchtlingen verloren wir alle Freunde, durch den von Treuchtlingen nach Hamburg auch. Es gab ja damals noch keine Handys so wie heute, der Kontakt hätte nur durch Briefe aufrechterhalten werden können, das war aber unüblich. Und wer schreibt als Kind schon gerne Briefe?

Mit der Hilfe von Freunden meiner Mutter aus ihrer Schulzeit klappte es erstaunlich schnell mit der Wohnung in Hamburg. Hamburg war im Krieg schwer zerbombt worden und viele Menschen, die damals aus Hamburg geflüchtet waren, wollten wieder in ihre Stadt zurück, und dazu kamen auch noch die Flüchtlinge aus dem Osten. Wir bekamen eine Zweizimmerwohnung in Altona, die Wohnung hatte eine Toilette, aber kein Ba-

dezimmer, lag im ersten Stock eines älteren Hauses, mit Stuck-
decke im Wohnzimmer.

Da der Umzugswagen mit den Möbeln länger brauchte als der
Zug, beschloss meine Mutter, mit uns über Bremen zu fahren
und dort bei einer Jugendfreundin vorbeizuschauen. Die hatte
sich mit ihrem Mann nach dem Krieg in Stuckenborstel ange-
siedelt und beide hatten auf dem Landstück, das sie gepachtet
hatten, ein kleines Haus gebaut, an das sie der Kinder wegen
dann noch einige Zimmer angebaut hatten.

Bei der Freundin meiner Mutter wurden wir überrascht von
der seltsamen Umgebung. Es war ein sandiges Gebiet mit richtig großen Sanddünen, etwas, das wir gar nicht kannten. Und
es gab in der Nähe einen kleinen See, sodass wir die paar Tage
dort richtige Ferien verlebten. Und dann ging es nach Hamburg.

Wir blieben nur kurz in Altona, weil unsere Mutter bald
darauf eine Zweieinhalbzimmerwohnung in Hamm fand. Bei
dem Umzug von Altona nach Hamm blieben die Straßenfreund-
schaften, die wir in der kurzen Zeit geknüpft hatten, etwas
länger erhalten. Wir besuchten uns gegenseitig mit dem Fahrrad. Aber das schlief dann auch bald ein. Man konnte ja auch
keine Termine abstimmen, und so unterblieb es eben nach
einiger Zeit. In Hamm fand ich kaum neue Freunde, obwohl
ich da zum ersten Mal in einen Turnverein ging. Durch den
Schulbesuch in Eimsbüttel war ich aber auch viel weniger auf
der Straße. Gut, man spielte ab und zu Fußball mit ein paar
anderen, aber das war zu selten, sodass keine Freundschaften
daraus entstanden.

In Horn bekamen wir dann eine Dreieinhalbzimmerwoh-
nung. Der Bruder einer Nachbarin aus Hamm war dort Bauleiter
eines großen neuen Gebietes und konnte daher einige Wohnungen an Verwandte abgeben. Das Gebiet lag hinter einer großen
Schrebergartenkolonie, in der die meisten Leute aber dauerhaft
in ihren Holzhütten lebten, da sie dadurch keine Miete bezahlen mussten. Diese Schrebergärten, wie man sie nannte, waren
nach dem Krieg wie Pilze aus dem Boden geschossen. Die Gär-
ten gab es zwar zum Teil schon vor dem Krieg, als Wohnungen

wurden sie aber erst später genutzt. Die Leute lebten ja teilweise auch von dem Gemüse, das sie dort anbauten.

Die Welt sehen

In der Schule hatte ich einen Freund gewonnen, mit dem ich auch viel über unsere Zukunft reden konnte. Werner, Teddy genannt, war schon mit 16 Jahren nach Italien getrampt: Das machten damals ganz viele junge Menschen, die Sehnsucht nach der großen weiten Welt war für die Jugendlichen ganz groß. Teddy hatte auch für die Zukunft große Reisepläne und schlug vor, dass wir uns einen Motorroller kaufen sollten, um damit in den Sommerferien nach Istanbul zu fahren. Das haben wir dann auch geplant und durchgeführt.

Der Motorroller, den wir uns leisten konnten, eine Vespa 125, war eigentlich viel zu klein für uns und das viele Gepäck, das wir ja mitnehmen mussten: Zelt, Luftmatratzen, Kleidung, mussten ja auch Essen und Getränk dabeihaben können. Am ersten Tag kamen wir dann nur von Hamburg bis Göttingen, heute kaum vorstellbar. Und so langsam ging es auch weiter; aber mit viel Geduld schafften wir es dann schließlich doch bis Belgrad, und da wir meistens auch nachts fuhren und tagsüber dann schliefen, mussten wir auch ganz wenig Geld für Zeltplätze ausgeben.

Aber als wir in Belgrad waren und überlegten, wie es weitergehen sollte, merkten wir, dass wir es nicht bis Istanbul und zurück schaffen konnten und beschlossen deshalb, die Reise zu verkürzen und an die Adriaküste zu fahren und an ihr entlang zurückfahren. Allerdings war in dem ersten Ort, an dem wir zelten wollten, kein Zeltplatz zu finden. Es war ein kleines Dorf, wir konnten aber an dem kleinen Bach, der durch das Dorf floss, zelten, die Einwohner waren sehr freundlich zu uns, und so bauten wir unser Zelt dort auf. Manche von den Leuten waren in Deutschland gewesen und sprachen ganz gut Deutsch.

Sie sagten, wir sollten mit ihnen in die Dorfkneipe gehen, das taten wir dann auch. Dort erzählten sie uns, dass an der großen Linde vor der Kneipe im Zweiten Weltkrieg gleich zu Beginn zwei Dorfbewohner aufgehängt worden waren. Das beunruhigte uns sehr, sodass wir früh am Morgen unser Zelt abbauten und „flüchteten". Wir sind dann über Sarajevo und Mostar an die Küste gefahren und haben kurz vor Split einen Platz gefunden, wo wir umsonst zelten konnten. Der Platz lag direkt am Meer und wir sind ein paar Tage geblieben.

Das war sehr schön, denn ich habe da zum ersten Mal das Mittelmeer erlebt. Wir haben stundenlang in dem warmen Wasser gesessen, mit kleinen Plastiktüten Fischlein gefangen und sie dann nachmittags wieder frei gelassen.

Wir haben uns dann auch erkundigt, ob man mit dem Schiff weiterfahren könnte, konnten uns das dann auch sogar noch leisten und sind bis Rijeka mit dem Schiff gefahren, auch das war herrlich. Über Österreich ging es dann nach Bayern; nun wurde unser Geld langsam knapp, und wir konnten es uns nicht mehr leisten, auf Zeltplätzen zu übernachten, deshalb sind wir von Würzburg aus durchgefahren, haben dann unterwegs noch einmal in einem Wald geschlafen, aber auch das nur kurz.

Wir waren immer darauf bedacht, möglichst wenig Sprit zu verbrauchen, auch das klappte ganz gut, sodass wir ungefähr mit dem letzten Tropfen wieder in Hamburg ankamen. Am Ende hatten wir beide gerade noch zwei Mark in der Tasche.

Dieser Sommerurlaub war fantastisch, einer der schönsten in meinem ganzen Leben, auch weil die Freundschaft mit Teddy ihn so bereichert hat. Ihn hatte ich ja in der Klasse kennengelernt, in der ich sitzen geblieben war, deshalb machte er ein Jahr vor mir sein Abitur, ging dann zur Bundeswehr und blieb da etwas länger, weil man dadurch einen höheren Sold bekam. Er hatte vor, anschließend nach Australien zu gehen.

Er hatte sich vorgenommen, als Hilfskraft auf einem Schiff anzuheuern, das ging in dieser Zeit ganz gut; ich habe von ihm dann noch erfahren können, dass er erst im dritten Hafen in Australien ausmustern durfte, wo das aber war, habe ich nie erfahren. Als er abreiste, war ich gerade als Soldat eingezogen und nicht in Hamburg. Ich war in München auf einem Offizierskurs. Die Kaserne lag in der Nähe des Zentrums und man hätte von dort abends schnell nach Schwabing und zurückkommen können. In Hamburg und Itzehoe; wo ich vorher war, musste man erst um24.00 Uhr in der Kaserne sein, in München mussten wir aber schon um 22.00 Uhr in der Kaserne sein. Das störte uns sehr.

Ich habe dann die Offiziersausbildung abgebrochen, wurde daraufhin zum Bataillonskommandeur zitiert, musste erst einmal zwei Stunden warten, was mich nicht störte, denn ich fand Offizier zu sein, sowieso nicht gut. Mein Vater war ja schon kurz nach Kriegsbeginn gefallen. Ein Offizier In Flensburg hatte permanent einen Spruch auf Lager, der uns alle sehr störte:
Der Krieg war schön, nur viel zu kurz.
Auch seine Kollegen und Vorgesetzten haben das nie kritisiert. Ich habe das damals nicht verstanden, habe auch heute kein Verständnis dafür. Aber inzwischen weiß ich, dass viele vermutlich auch von diesen Leuten im Krieg gewesen waren, daher keine Berufsausbildung hatten und deshalb froh waren, dass es das Militär wieder gab. Das hat mir einmal ein Sanitätsoberarzt erzählt. Er war auch im Krieg gewesen und sagte mir, dass viele der Offiziere damals schon so blöd gewesen waren.

Ich habe dann später einmal seine Mutter besucht, um mich nach ihm zu erkundigen. Sie wusste da aber auch nicht, wo er gerade steckte; er schrieb ihr ab und zu Postkarten, aber nie eine Adresse. Ich habe es dann noch ein paarmal versucht, bei ihr nachzufragen, aber auch da nichts erfahren können. Sie konnte mir nur sagen, dass seine Postkarten immer aus anderen Orten kamen.

1960 habe ich mein Abitur gemacht und wurde anschließend auch gleich zum Militärdienst einberufen. Es war damals so,

dass in Familien, wo der Vater im Krieg gefallen war, der erste
Sohn nicht zum Militär musste, aber da ich ja der zweite war,
musste ich hin. Ich kam nach Itzehoe zu einem Panzergrena-
dierbataillon. Die Kaserne lag außerhalb des Ortes, nahe einer
Heidelandschaft, die sehr schön war, uns aber weniger gut gefallen hat, weil dort immer unsere Übungen stattfanden.

Ich hatte bei der Musterung angegeben, dass ich Apotheker
werden wollte, was damals wirklich mein Ziel war, und deshalb
wurde ich nach der Grundausbildung in den Sanitätsdienst versetzt, erhielt eine entsprechende Sanitätsgrundausbildung und
wurde kurz darauf nach Hamburg verlegt, was mir sehr gut gefiel, denn Hamburg war ja meine Heimatstadt geworden. Und
so konnte ich mich nach dem Dienst und an den Wochenenden
mit Freunden treffen. Ein Kollege aus Itzehoe, auch ein Ham-
burger, war auch nach Rahlstedt versetzt worden; wir beide haben dann erst in Flensburg und später in München Kurse mit-
gemacht; man wollte uns zu Offizieren ausbilden.

Auf den Kurs in München hatten wir uns sehr gefreut, mussten aber abends um 21.30 Uhr immer auf dem Zimmer sein,
konnten also gar nichts in der Stadt unternehmen. Das störte
uns sehr, denn die Kaserne lag in der Nähe des Zentrums, also
hätte man schnell von Schwabing in die Kaserne und zurück-
gekonnt. In Hamburg und Itzehoe musste man erst um 24.00
Uhr in der Kaserne sein.

Ich habe dann die Offiziersausbildung abgebrochen, wurde
daraufhin zum Bataillonskommandeur gerufen, der mir nach
zwei Stunden Wartezeit erklärte, dass ich nie wieder Offizier
werden könnte, was mich nicht störte. Ich fand die Offiziere sowieso meistens doof. Wie schon erwähnt, hatte einer in
Flensburg immer den Spruch drauf:

Der Krieg war schön, nur viel zu kurz.

Aber auch seine Kollegen und Vorgesetzten haben diesen Spruch
nie kritisiert. Ich habe das damals nicht verstanden, verstehe
es auch heute kaum. Aber ich weiß, dass damals viele der Offiziere, die auch im Zweiten Weltkrieg gewesen waren und daher
keine Ausbildung hatten, froh waren, dass es wieder eine Armee

in Deutschland gab, wo sie Arbeit fanden. Das galt längst nicht für alle, aber sie gaben doch meistens den Ton an.

Wieder zurück in Itzehoe wurde ich in den Sanitätsbereich geschickt, der sowieso schon total überpersonalisiert war. Wir saßen mit 12 Abiturienten in dem Behandlungszimmer, in dem eigentlich Massagen durchgeführt werden sollten, was aber nie vorkam. Da saßen wir unsere Zeit ab, wenn nicht gerade ein Unteroffizier auf die Idee kam, es müssten die Tür-Scharniere mal wieder geölt werden oder Papierreste und dgl. um das Haus herum aufgesammelt werden, was aber nur selten vorkam.

Für uns war das Langeweile pur, und wir fingen an, Goethes Faust auswendig zu lernen und aufzusagen, das gefiel mir richtig gut und hat mich letzten Endes der deutschen Sprache und meinem späteren Studium zugeführt. Patienten, die zu uns geschickt wurden, haben wir einfach rausgeschickt, das hat niemanden gestört, und wir wollten ja bei unserem Faust bleiben. Da wir durch die Ausbildungen im Sommer keinen Urlaub machen konnten, bekamen wir im Winter eine Woche länger Urlaub, für mich hieß das, dass ich den Militärdienst eine Woche früher beenden konnte.

Der Vater eines Stubenkameraden war eine hohe Führungskraft bei der Elbschlossbrauerei, und dort suchte man immer nach Studenten als Hilfskräfte. Das kam mir gerade recht, denn ich konnte dort sofort als Hilfskraft einsteigen und mir Geld verdienen, was ich dringend für das Studium brauchte. Man musste ja Studiengebühren bezahlen, und dazu kamen noch die Bücher als Kostenfaktor.

Ich hatte mich inzwischen entschieden, Journalist werden zu wollen, dafür gab es aber kein spezielles Studienfach, man empfahl mir, Germanistik zu studieren, um dann als Volontär bei einer Zeitung anzufangen. Das hatte ich auch vor; und weil meine Mutter mich bat, ein Studium zu wählen, von dem aus ich ggf. auch Lehrer werden konnte, wählte ich Geschichte als zweites Fach. Unsere Mutter hatte immer Sorge, dass wir gut versorgt sein sollten, falls sie plötzlich stürbe. Das verstand ich. Wir Kinder konnten während des Studiums zwar bei ihr wohnen, die Studiengebühren, Bücher etc. mussten wir aber selbst bezahlen. Das ging ganz gut, weil man als Student damals immer leicht einen Job fand.

In den ersten Semesterferien war ich dann bei der Elbschlossbrauerei, dann ein paarmal bei der Sparkasse, zwischendurch habe ich oft im Hafen gearbeitet, auch mal bei der Messe und eine ganze Zeit lang bei einer Druckerei, die auch den Spiegel druckte. Die studentische Arbeitsvermittlung funktionierte damals so, dass man eine Nummer ziehen musste; und wenn dann Stellenangebote reimkamen, wurden sie ausgerufen und der mit der niedrigsten Nummer bekam den Job. Ich bin oft gleich morgens dorthin gegangen und da geblieben, wenn ich eine niedrige Nummer gezogen hatte, sonst eben ins Seminar oder die Bibliothek, um meine Studienarbeiten zu erledigen. So habe ich mein Budget immer ganz gut im Griff gehabt.

Ich habe es nie bedauert; dass ich während des Studiums arbeiten musste, es war eine willkommene Abwechslung und die Jobs waren ja meistens auch interessant, man lernte Neues kennen. Beim Spiegel und der Zeit waren die Jobs gut für mich, weil sie wöchentlich stattfanden und nachmittags, oft auch am Wochenende, sodass man mit den Vorlesungen und Übungen nicht in Konflikt kam.

In einem der ersten Semester fanden meine Freundin und ich dann einen Job direkt im Universitätsgebäude bei einem Kurs für ausländische Deutschlehrer, der jeden Sommer stattfand. Wir wurden stundenweise bezahlt, konnten die Arbeit aber in einem Büro erledigen, sodass wir unsere Studienarbeiten dort geschrieben haben, dort alle Bücher usw. liegen lassen konnten, was natürlich sehr bequem war. Für mich war das sehr gut, weil ich dadurch auch mit dem Thema *Deutsch für Ausländer etwas vertraut wurde.

Die Kurse, die der Dozent veranstaltete, waren für uns sehr interessant, weil wir dabei auch lernten, wie man „Deutsch für Ausländer" gestalten und dabei auch ein Sprachlabor nutzen kann. Wir lernten auch, wie man einen dreiwöchigen Kurs gestalten muss, sodass er für die Teilnehmenden immer interessant bleibt. Das hat mir später, als ich in Ankara Deutschlehrer an der Universität war, auch viel geholfen.

Glückliche Zeiten? Die Vierziger- und Fünfzigerjahre

Ab 1945 begann dann schon der Aufschwung, erst noch ganz zaghaft, man musste ja den Krieg auch innerlich erst überwinden, aber in den Fünfzigern ging es dann doch flott voran.

Das Erste war natürlich, die zerbombten Häuser und die Schuttberge wegzuräumen. Das geschah an vielen Stellen schon in den Vierzigern. Und schon Anfang der Fünfziger begann dann der Wiederaufbau. Es ging vor allem um den Bau von Wohnungen, die ja überall fehlten. Das führte dann auch dazu, dass die Baufirmen viele Aufträge bekamen und in ihrem Gefolge auch die Handwerksunternehmen wuchsen. Und es wurden viele neue Handwerksbetriebe gegründet, denn vor allem für den Innenausbau brauchte man sie ja überall. So kam der Wirtschaftsaufschwung in Fahrt, denn die Unternehmen brauchten Leute, die die Aufträge ausführen konnten, und das bedeutete, dass die Menschen Arbeit fanden, Geld verdienten und sich dadurch bald wieder Dinge leisten konnten, die sie zum Teil im Krieg oder auf der Flucht verloren hatten.

Dieser Rückblick ist nicht der Versuch, die Entwicklung dieser Zeit historisch korrekt zu beschreiben, dies würde ein einziges Buch kaum schaffen. Sondern dies ist der Versuch zu beschreiben, wie ich diese Zeit erlebt habe. Ich verweise ausdrücklich darauf, weil in diese Beschreibung natürlich auch viel einfließt, was die Menschen in meiner Umgebung in jener Zeit getan und gesagt haben und was ich als Kind und Jugendlicher damals aufgeschnappt habe. Manches davon würde sicherlich in einer ordentlichen historischen Beschreibung auch auftauchen, dann aber sicherlich mit genaueren und umfassenderen Angaben.

Ich glaube aber, dass es auch gut sein kann, einfach mal zu beschreiben, wie ein ganz normaler junger Mensch diese Zeit erlebt und wahrgenommen hat, denn ich denke, dass mein Leben in jener Zeit eher besser war als das vieler anderer, auch wenn unsere Familie damals nicht zu jenen zählte, die nach dem Krieg in die Oberschicht aufstiegen, schnell ein Unternehmen gründen konnten, das dann schon bald erfolgreich wurde.

Für mich war die Zeit von 1950 bis 1960 sehr ruhig. Ich war Schüler, hatte zwar auch meine Probleme, konnte sie aber letzten Endes immer überwinden. Politisch gesehen war der Volksaufstand in der DDR am 17.6.1953 das herausragendste und dramatischste Ereignis dieser Zeit, denn dies hat uns auch in Westdeutschland nicht nur schockiert, sondern auch tief betroffen gemacht. Die meisten von uns hatten doch Verwandte in der DDR, nicht wenige von ihnen flüchteten darauf auch in den Westen. Aber wir waren natürlich alle froh, dass so etwas bei uns im Westen nicht nötig war. Die Auseinandersetzungen, die es bei uns gab, waren Streiks, in größere Kampfeshandlungen sind sie aber nie ausgeartet.

1949 wurde Adenauer Bundeskanzler und blieb es auch bis 1963 und sicherlich hat auch diese Tatsache dazu beigetragen, dass alles so stabil blieb. Die wirtschaftliche Entwicklung verlief rapide. Viele hatten das Gefühl, dass es aufwärtsging und immer weiter aufwärtsgehen würde, man konnte sich nicht vorstellen, dass eine wirtschaftliche Krise diese Entwicklung zurückdrehen könnte. Der VW-Käfer, den sich damals viele als erstes Auto leisten konnten und der natürlich auch ein Statussymbol war, machte es möglich, dass man in andere Länder fahren konnte. Und Adenauer nahm auch schon Kontakt zu anderen Ländern auf.

Aber es ging nicht nur um so große Anschaffungen, sondern auch um viele kleine, z. B. Fotoapparate, kleine Radios u. v. a. m.

Es kamen viele neue Produkte auf den Markt, zum Teil importiert, aber auch in Deutschland bauten immer mehr kleinere und größere Firmen neue Produkte, die die Menschen gerne kauften, weil sie ganz oft auch das Leben erleichterten und schöner machten. Und Firmen wie etwa Photo Porst wuchsen in dieser Zeit rasant.

Am 26.12.1952 gab es die erste Tagesschau und alle wollten natürlich möglichst schnell einen Fernseher haben, der war billiger als ein Auto und auch ein Statussymbol.

Auch im Sport gab es bald große Erfolge. Der wichtigste war wohl der Gewinn der Fußballweltmeisterschaft in der Schweiz 1954. Man wollte in Deutschland mal wieder in der Welt anerkannt werden, wollte irgendwie auch sicher sein, nicht als Nazi zu gelten. Man wollte aufsteigen im internationalen Renommee; dazu gehörte dann auch schon bald das Skispringen.

Ich hatte das Glück, eine sehr tüchtige Mutter zu haben, die es schaffte, ihren drei Söhnen eine gute schulische Ausbildung zu ermöglichen bis hin zu einem universitären Abschluss, obwohl sie dafür viel in Kauf nehmen musste. Im Grunde hat sie ihr ganzes Leben für uns aufgeopfert.

Die Nachkriegsjahre in den Vierzigern waren wohl die schlimmsten, die Deutschland – vom Krieg einmal abgesehen – erlebt hat. Viele haben sie aber noch schlimmer empfunden als den Krieg selbst. Man dachte ja: Der Krieg ist vorbei, nun wird alles besser. Die Erlebnisse im Krieg waren schrecklich genug gewesen, mit den Tausenden Toten; fast in jeder Familie gab es Tote zu beklagen, viele waren aus der Heimat vertrieben worden oder mussten vor dem Bombenhagel flüchten oder ihr Haus war zerbombt worden und sie hatten oft ihr ganzes Hab und Gut verloren. Und dann kam die Nachkriegszeit, von der man eben dachte, jetzt wird alles wieder gut. Es gab entsetzlichen Mangel an allem, wichtige Sachen konnte man oft nur auf dem Schwarzmarkt erwerben, wenn man etwas Gutes zum Tausch anbieten konnte oder sehr viel Geld hatte. Aber die meisten hatten viel zu wenig Geld, um auf den Schwarzmarkt gehen zu können.

Und viele Menschen konnten nur überleben, weil sie als Hausierer von Haus zu Haus, von Ort zu Ort zogen und die Kleinigkeiten anboten, die sie noch besaßen, immer in der Hoffnung, dass jemand dies brauchen konnte. Man musste viel arbeiten, um überleben zu können und so billig wie möglich einkaufen.

Aber viele, vor allem die Frauen mit ihren Kindern, konnten ja so etwas gar nicht machen.

Bei uns im Dorf gab es einen alten Mann, den Besenmacher; der machte aus Birkenreisern Besen und zog dann durch die Gegend, um sie zu verkaufen. Er war im ganzen Dorf verachtet, man ließ ihn nicht ins Haus, weil er total von Flöhen befallen war; aber die Leute kauften ihm schnell einen Besen ab, nur um ihn wieder loszuwerden. Das war ein Einzelfall, aber Hausierer gab es eben viele.

Viele Menschen haben in dieser Zeit auch als Tagelöhner gearbeitet, wenn sie auf dem Dorf lebten. Auf den Bauernhöfen gab es noch viele Knechte und Mägde, von denen die meisten nur für den Sommer, manchmal aber auch für das ganze Jahr angestellt waren. Wenn sie nur für den Sommer angestellt waren und dann ihr Geld bekamen, zogen sie weiter, mussten meistens den Winter überbrücken und nahmen jegliche Arbeit an, die sich ihnen bot. Es gab viele solcher Wanderarbeiter, die jede Arbeit annahmen, die sie nur kriegen konnten, oft auch auf dem Bau, denn dort war noch viele Jahre Handarbeit nötig. Eine Absicherung für sie gab es nicht, wer krank wurde, den schickte man halt weg. Und manche der Wanderarbeiter versuchten auf diese Weise auch durch Deutschland zu kommen – auf der Suche nach ihrer Familie.

Erst mit der Währungsreform 1948 wurde es wenigstens in den drei westlichen Besatzungszonen wieder langsam besser. Das Geld war wieder etwas wert, aber natürlich hatten die meisten Menschen viel zu wenig, um sich gut versorgen zu können. Viele hatten ja so gut wie nichts mehr, weil sie – wie oben schon beschrieben – alles verloren hatten. Es fehlte an Kleidung, Bettwäsche, schlicht gesagt an allem, was man so täglich braucht. Und wenn man aus heutiger Sicht schreibt, dass viele kaum noch Kleidung hatten; für die Menschen damals war es oft fürchterlich. Es gab den Hungerwinter 1946/47, einen der kältesten Winter in Deutschland überhaupt. Viele Menschen sind damals erfroren, weil sie keine Bleibe hatten oder keine angemessene Kleidung.

Aber wie gesagt, es wurde langsam besser: Arbeitsplätze entstanden, es wurden wieder Güter produziert, nach und nach wurde auch begonnen, Häuser wieder instand zu setzen oder neue zu bauen. Jeder, der gesund und kräftig war, konnte Arbeit finden, wenn er wollte, und das wollten eigentlich alle. Oft war die Arbeit schlecht bezahlt und hart. Es bürgerte sich die Gesinnung ein: Wer etwas leistet, kann sich auch etwas leisten.

Diese Haltung erfasste alle; auch die jungen Menschen und beeinflusste auch ihre Haltung für ihr späteres Leben. Es war ja eine alltägliche Erfahrung und es gab ja auch vieles, was neu auf den Markt kam und was man gerne haben wollte. Bei diesen Gütern ging es in den Fünfzigern erst einmal nicht um Luxus, sondern einfach um die Dinge, die man privat im Haushalt brauchte und vor allem um die, die man im Krieg verloren hatte. In den Vierzigern konnte man sich ja noch kaum etwas leisten, aber in den Fünfzigern konnte man sich sogar schon neue Schuhe kaufen. Das war für uns wichtig, als wir nach Hamburg kamen, denn in Bayern waren wir vom Frühjahr bis zum Herbst immer barfuß gelaufen, was uns auch Spaß gemacht hatte.

Man war auch stolz darauf, sich etwas leisten zu können. Dabei ging es nicht so sehr darum, besser zu sein als andere, man wollte selbst immer besser werden, wusste ja auch, dass das für den eigenen Lebensweg wichtig sein würde. Es war die Grundlage für unsere Leistungsgesellschaft, die sich da bildete und sich ganz lange erhalten hat. Ich weiß nicht, ob und inwieweit das mit der Nachkriegszeit zusammenhängt oder auch schon vorher bei uns in Deutschland so als Grundlage vorhanden war. Ich weiß aber, dass in den Fünfzigern ganz vielen Menschen bewusst wurde, wie wichtig es ist, sich etwas leisten zu können, das man sich selbst erarbeitet hatte.

Schon Ende der Vierziger gab es wieder Kartoffeln zu kaufen, ebenso wie Kohle und Holz, selbst in den großen Städten wie Hamburg. Und ganz langsam konnten die Menschen auch wieder den Haushalt aufrüsten. Klar, man kaufte sich keine exklusive Ware, sondern das, was man dringend brauchte, aber es war ja immer besser als nichts.

Ich weiß noch, wie mein älterer Bruder aus einer Veranstaltung im Amerikahaus in Hamburg ein Buch mitbrachte. Da waren auf einer Doppelseite alle Elektrogeräte abgebildet, die man üblicherweise in Amerika hatte. Es waren über dreißig; wir staunten, denn wir hatten zwei: den Herd und ein Radio. Ich weiß nicht mehr, welches die Geräte waren, die man in Amerika damals schon hatte, wir konnten uns auch gar nicht vorstellen, wozu man die alle brauchte. Aber in Deutschland fing man dann auch an, neue Geräte zu kaufen, oft war es als Erstes der Fernseher, dann kam der Kühlschrank, über das Auto habe ich weiter oben schon geschrieben. Was man neu kaufte, erfuhren natürlich auch alle Nachbarn, irgendwie waren das alles ja auch immer Statussymbole. Fotoapparate wurden wichtig, als man wieder reisen konnte, Kassetten-Radios und -Rekorder.

Die Wirtschaft fing an zu brummen. Die Löhne und Gehälter stiegen langsam wieder an, es ging aufwärts. Auch die Wertvorstellungen änderten sich. Galt bis dahin Bewährtes als besonders gut, galt nun immer mehr und bis heute zum großen Teil das Neue als das Beste. Persil bleibt Persil galt noch lange, aber solche Slogans kamen aus der Mode. Die Werbung lockte damit; dass das Produkt ganz neu sei und „neu" war eben gleichbedeutend mit besonders gut. Neu als besonders gut wurde nicht nur für technische Produkte immer wichtiger, sondern auch für Pflege- und Nahrungsmittel. „Die neue Margarine", der „neue Senf" beanspruchten besser zu sein als das gleiche Produkt vorher.

Und die Werbung gewann an Einfluss und Macht, wurde lebendiger, bunter und für den Absatz der Produkte und Dienstleistungen immer wichtiger. Geschäfte wurden nicht mehr einfach aufgemacht, sie wurden neu eröffnet, als ob es so etwas wie alt eröffnet überhaupt geben könnte. Dass neu mit gut gleichgesetzt wird, hat sich bis heute ja mehr oder weniger gehalten, auch wenn es inzwischen für die Werbung nicht mehr ausreicht. In jener Zeit hat es sich eingebürgert und führte damit zu einer weit verbreiteten Fortschrittsgläubigkeit. Dies verdränge teilweise auch die alte Zeit und die Gedanken an die schrecklichen Kriegs- und Nachkriegsjahre. Man hatte die Hoffnung, es werde immer weiter aufwärtsgehen und das war ja auch lange der Trend in den drei westlichen Ländern.

Es spielte aber auch eine wichtige Rolle, dass man die Entwicklung in Ostdeutschland/der DDR permanent mitverfolgen konnte. Es gab sehr viele Menschen, die Verwandte im Osten hatten und daher wussten, wie wenig es da voranging, denn viele dieser Verwandten im Osten baten immer wieder und wieder um Dinge, die für die Westdeutschen schon ganz selbstverständlich geworden waren: Kaffee, Schokolade oder auch Kleidung.

Man konnte sich inzwischen wieder Fleisch leisten, nicht jeden Tag, aber immer wieder und nicht nur ab und zu sonntags. Die Gedanken an die Kriegsereignisse und den Nationalsozialismus wurden mehr und mehr verdrängt, man wollte nichts mehr damit zu tun haben; man lebte in der Demokratie, mit der man einverstanden war, und man genoss es, dass es eigentlich permanent aufwärtsging.

Viele konnten in den Fünfzigerjahren schon wieder in den Urlaub fahren, meistens zunächst in die nähere Umgebung, aber es ging schon bald für viele nach Italien, sobald man ein Auto hatte. Und die Autos wurden von Jahr zu Jahr besser und schneller. Es ging vielleicht nicht genauso schnell wie heute oft, aber für die Menschen damals war es eine ungeheure Geschwindigkeit. Die vielen neuen Produkte, die Jahr für Jahr auf den Markt kamen, musste man auch erst einmal kennenlernen und erfahren, dass man sie wirklich gut gebrauchen konnte und sie den Alltag verbesserten.

Wenn VW den Sommerurlaub begann und die ganze Belegschaft in den Sommerurlaub geschickt wurde, war das Frankfurter Kreuz erst einmal mit Autos der Wolfsburger zu, so sagte man damals – man hatte ja noch keine Ahnung von den heutigen Zuständen auf den Straßen, wenn die Urlaubszeit beginnt. Manche begannen schon in diesen Jahren, Flugreisen zu unternehmen, und brachten Fotos von den Reisen in ferne Welten mit.

Für die meisten Menschen begann eine wunderbare Zeit, es gab wieder Gartenfeste, große Familienfeiern, es gab Partys, zu Silvester Feuerwerke, man lebte in einer friedlichen und fröhlichen Welt und konnte sich nicht vorstellen, dass es nicht immer weiter bergauf gehen würde.

In den Kinos gab es jede Woche neue Filme, in den Theatern und Konzertsälen fanden wieder Aufführungen statt, die Hörspiele lockten mit Krimis oft Abertausende an die Radios. Wir jungen Leute gingen oft samstags um 23.00 Uhr ins Kino, die Filme waren nicht besonders gut, aber meistens spannend, und das kostete dann nur eine Mark.

Daneben blühte der Sport wieder auf. Es gab große Helden wie Uwe Seeler, der als ganz junger Spieler mi Sondergenehmigung in der obersten Liga mitspielen durfte und die Menschenmassen mitriss. Und dann die Fussballweltmeisterschaft, die Deutschland 1974 überraschend für alle gewann und der Welt zeigte, wir sind wieder wer, wir sind mehr als das Nazideutschland. Fritz Walter wurde ebenfalls zum Vorbild für viele junge Menschen, ebenso wie andere aus der Mannschaft, die die Weltmeisterschaft gewonnen hatten, z. B. Helmut Rahn. Und Herberger galt über Jahre als der beste Trainer der Welt, jedenfalls in Deutschland.

Der Sport insgesamt fesselte vor allem die Jugend, aber nicht nur sie. Die Vierschanzentournee, die 1953 begann, begeisterte die ganze Skiwelt.

In den Schulen bei uns gab es zuerst abwechselnd noch vormittags und nachmittags Unterricht, aber es wurden ja schon bald wieder Schulen gebaut, sodass es bald nur noch vormittags Unterricht gab. Es ging den Menschen von Jahr zu Jahr besser, viele Menschen machten in dem Aufschwung Karriere, denn in den größer werdenden Unternehmen fehlten Führungskräfte. Viele neue Geschäfte wurden eröffnet, oft von Frauen, deren Männer arbeiteten, sie aber dabei unterstützten, weil die Familie so ein besseres Gesamteinkommen hatte.

1953 gab es die erste Bundesgartenschau in Hamburg, ein Fest nicht nur für die ganze Stadt Hamburg, denn viele Menschen aus ganz Deutschland kamen, ebenso wie zu dem evangelischen Kirchentag 1953 in Hamburg. Der evangelische Kirchentag fand in Deutschland schon seit 1949 wieder statt. Und diese Veranstaltungen waren Momente, in denen das ganze Land den Frieden; der eingekehrt war, deutlich spürte.

Diese positive Entwicklung, die Westdeutschland einerseits den Westmächten verdankte, andererseits aber eben auch der Energie, mit der die Menschen sich in ihre Arbeit und den Wiederaufbau stürzten, diese positive Entwicklung förderte jeden Tag die Hoffnung auf eine positive Zukunft. Eltern gaben dies an ihre Kinder weiter, wenn sie sie für eine Ausbildung berieten. Und die Kinder glaubten auch an diese positive Zukunft. Wir waren leistungsorientiert und auch zielbewusst, wollten auch was werden. Und wir fühlten uns in dieser Welt wohl, in der alles glücklicher zu sein schien als in der Vergangenheit. Über das Nazireich wurde in der Schule nie gesprochen. Das wurde total ausgegrenzt.

All dies betraf einen großen Teil der Bevölkerung Westdeutschlands, längst nicht alle, denn nach wie vor gab es auch in den Fünfziger- und Sechzigerjahren noch Menschen, die hungerten, meistens weil sie – oft auch kriegsbedingt – nicht arbeiten konnten, also an dem Aufstieg dadurch nicht teilnehmen konnten, vielleicht auch keine Verwandten hatten, die für sie sorgen konnten oder wollten.

Wir jungen Menschen haben die Veränderung des gesellschaftlichen Lebens zwar nicht bewusst wahrgenommen oder sogar geplant, uns allen war aber auch klar, dass Frauen in dieser Welt berufstätig sein müssen. Bei vielen von uns war das ja auch so, dass die Mutter berufstätig war. Die Frauen übernahmen auch viele Tätigkeiten, die eigentlich früher die Männer wahrgenommen hatten, aber oft waren die Männer im Krieg gefallen und fehlten daher überall und Frauen nahmen dann auch deren Tätigkeiten wahr. Das sahen wir auch Tag für Tag bei uns zu Hause und in der ganzen Umgebung, aber was das eigentlich gesellschaftlich bedeutete, habe ich erst viele Jahre später bewusst aufgenommen.

Die vielen Schwierigkeiten, die Frauen damit hatten, für die Kinder finanziell und persönlich zu sorgen, haben wir zwar täglich erlebt, so ganz klar geworden ist es uns damals aber nicht, wir wussten ja auch nicht, dass das vorher ganz anders gewesen war. Und wir waren viel zu sehr mit uns selbst beschäftigt, waren in unserer Jugend gefangen, von den Anforderungen der Schule und später der Universität und der eigenen Entwicklung.

Etwas klarer wurde mir das dann durch Helke, die Frau, die ich gleich im ersten Semester kennenlernte und mit der ich mich eng befreundete. Sie musste in einem ganz anderen Familienklima aufwachsen. Auch ihr Vater war im Krieg gefallen, als sie etwa drei Jahre alt war. Sie hatte ihn unendlich geliebt, was sich dann später auch noch auf ihr Leben auswirkte. Die Mutter bekam so gut wie keine Rente, und die ganze Familie litt immer Hunger.

Wir beide wollten möglichst schnell fertig werden. Und haben uns dabei auch nach Kräften gegenseitig unterstützt und ermutigt. Wir hatten das Glück, ziemlich bald einen Professor für Germanistik zu finden, bei dem wir vor allem auch durch seine Assistenten eine gute Aufnahme fanden. Er lehrte hauptsächlich mittelhochdeutsche Literatur, und wir haben uns dadurch auch diesem Gebiet verschrieben. Er hielt auch plattdeutsche Lesungen, auch das fanden wir gut, weil wir diesen Dialekt mochten, auch wenn er damals in Hamburg nicht mehr von vielen gesprochen wurde.

Wir wollten unbedingt auch einmal im Ausland studieren, mit unseren Fächern kam aber damals im Grunde nur Österreich infrage, und so gingen wir für ein Sommersemester nach Innsbruck. Das Studium in Innsbruck kam uns leichter vor, die Anforderungen waren nicht so hoch wie in Hamburg, sodass wir dort viele „Scheine" machen und dennoch die Umgebung kennenlernen und genießen konnten. Die wunderschöne Bergwelt im Frühling haben wir auf vielen Wanderungen genossen.

In alter Geschichte machten wir auch einen Schein, das führte dann dazu, dass wir mit einem Professor in Kontakt kamen, der für den Sommer eine Studienfahrt nach Rom plante, die sehr billig war, sodass wir uns entschlossen, diese Fahrt mitzumachen.

Wir lösten vorher unsere studentischen Zimmer auf und fuhren mit nach Rom. Dort erlebten wir eine fantastische Zeit, denn dieser Professor kannte Rom wie wohl kein anderer. Er machte in den Semesterferien oft auch Studienfahrten für Reisebüros nach Rom. Wir wohnten in einem Studentenheim, gingen frühmorgens los und der Professor wanderte mit uns zu dem ersten Besichtigungspunkt und von da ging es zum nächsten. Er lief ziemlich schnell, Pausen gab es den ganzen Tag über kaum. Wenn man sich zwischendurch ein wenig Obst kaufen wollte, musste man immer dafür sorgen, dass man den Anschluss nicht verlor. Vielen unserer Kolleginnen und Kollegen war das zu mühselig, sodass am späten Nachmittag oft nur die Hälfte der Gruppe zu dem Wohnheim zurückkam. Wir hatten uns mit der Tochter des Professors, die auch dabei war, ein wenig angefreundet und waren deshalb immer zu dritt, um auch auf die Route zu achten und den Anschluss nicht zu verlieren.

Wir haben unendlich viele Museen und Kirchen gesehen, die zum Teil gar nicht zu dem Programm gehört hätten, an denen man aber vorbeikam und dann besichtigte, weil der Professor keine Gelegenheit ausließ, uns die Schätze Roms zu zeigen, natürlich auch den Petersdom und den Palast des Papstes.

Wir hatten dem Professor schon bei der Anmeldung gesagt, dass wir anschließend noch ein paar Tage ans Meer fahren wollten. Er hatte nichts dagegen, dass wir nicht mit der Gruppe zurückfuhren, und so fuhren wir anschließend an einen kleinen Ort etwas südlich von Rom, den uns eine Freundin empfohlen hatte, die dort schon oft gewesen war. Dort blieben wir in der Jugendherberge, die ganz nah am Meer lag. Nach den schönen, aber auch anstrengenden Tagen in Rom war das eine herrliche Erholung, die wir dann ein paar Tage genossen, um dann über Florenz nach Deutschland zurückzutrampen.

Zu trampen war in der damaligen Zeit eine sehr übliche Weise für junge Menschen, sich in den Urlaub zu begeben, und es war nicht gefährlich – anders als heute. Die Leute, die uns mitnahmen, waren immer sehr freundlich, fanden es toll, dass wir das Land – egal ob es Österreich, Italien oder Deutschland war –

kennenlernen wollten und erzählten uns oft ganz viel über die Gegenden, durch die wir gerade fuhren und die sie meistens gut kannten.

Wir kamen sehr gut zurück, haben uns dann in Hamburg gleich wieder eingeschrieben und den Sommerkurs mit begleitet und uns dann auch bald die Themen für die nächsten Semesterarbeiten besorgt und auf das Wintersemester vorbereitet. Wir wollten ja durch den Aufenthalt in Innsbruck kein Semester verlieren, hatten durch die Semesterarbeiten dort, die auch in Hamburg anerkannt wurden, eher gewonnen als verloren, denn in Hamburg wäre es uns vermutlich nicht gelungen, vier Semesterarbeiten zu schreiben.

Im Wintersemester sahen wir dann, dass für den Sommerkurs für ausländische Deutschlehrer und Germanisten Hilfskräfte gesucht wurden, haben uns gleich beworben und wurden auch angenommen. Es war dabei nicht viel zu tun, wir konnten die Arbeiten in einem Büro verrichten, in dem wir auch Studienarbeiten erledigen konnten, das war sehr bequem. Wir mussten Anfragen von Teilnehmerinnen und Teilnehmern beantworten, Unterkünfte für die buchen, die den Kurs fest gebucht hatten und die Buchführung erledigen. Aber wir konnten das zeitlich selbst einteilen, sodass das das Studium nicht gestört hat. Wir haben immer, wenn wir Zeit hatten, die Post durchgesehen und beantwortet, das klappte gut.

Diese Sommerkurse, die es auch schon einige Zeit vorher gegeben hatte, wurden immer zu Beginn der Semesterferien im Sommer durchgeführt und dauerten drei Wochen. In dieser Zeit war man im Dauereinsatz, aber das störte nicht weiter, es war ja Ferienzeit. Die Kurse waren sehr interessant, weil die Teilnehmer, die aus vielen Ländern der Welt dafür nach Deutschland kamen, ja schon gut Deutsch sprachen, sodass man mit ihnen auch interessante Gespräche führen konnte; besonders wenn Ausflüge gemacht wurden. Und solche Ausflüge gab es am Wochenende immer. Wir haben diese Tätigkeit bis zum Staatsexamen durchgeführt, verdienten zwar nicht viel, aber eben regelmäßig und hatten dabei eben auch ein Arbeitszimmer im Universitätsgebäude zur Verfügung. Außerdem haben wir uns dadurch mit dem Thema ‚Deutsch für Ausländer‘ vertraut machen können, was uns später sehr half, als wir in Ankara waren (s. u.).

Aber wir verfolgten ja das Ziel, das Staatsexamen für das höhere Lehramt zu machen. Ich hatte eigentlich Journalist werden wollen, da es dafür damals noch keine eigene Ausbildung gab, von der ich wusste, und man mir sagte, mit einer Ausbildung als Germanist könnte ich mich auch bei einer Zeitung bewerben, folgte ich diesem Ziel. Das bedeutete zunächst einmal, das Philosophikum zu machen. Vorher waren wir im Sommer 1963 noch für ein Semester in Innsbruck in gewesen, absolvierten dann 1965 das Philosophikum und im Sommer 1967 dann das Staatsexamen. Beides lief gut und wir hatten dadurch auch eine gute Beziehung zu den Assistenten und zu unserem Professor. Wir beschlossen, gleich anschließend zu promovieren, was meinem Ziel sehr entgegenkam. Ich hatte bei der Arbeit zum Staatsexamen ein Thema gewählt, das ich auch als Thema für eine Promotion verwenden konnte. Es ging um Otto von Bodenlouben, es sollte eine Monografie werden, wurde es auch. Meine Verlobte wählte Burkhard von Hohenfels, über den es auch noch keine Monografie gab und wir machten uns sofort an die Arbeit.

Während des Studiums hatte uns ein Freund noch mit einem türkischen Juristen bekannt gemacht; der mit seiner Familie nach Hamburg gekommen war und mit dem wir uns eng befreundeten. Wir wurden dann von seiner Familie zu einem Besuch in die Türkei eingeladen und fuhren dorthin. Wir lernten Istanbul, Ankara, Izmir, Antalya und Side kennen, waren begeistert von diesem Land mit den unendlichen Kunstschätzen aus der Antike und beschlossen, uns nach dem Studium als Lektoren des DAAD für Ankara zu bewerben.

Ich hatte meine schriftliche Doktorarbeit im Sommer 1968 abgeschlossen, bekam noch in diesem Jahr eine Stelle als Lektor an der Fakultät für Geschichte und Sprachen der Universität Ankara, fuhr dann des Gepäcks wegen wieder mit dem Zug, der von München nach Istanbul und dann nach Ankara drei Tage brauchte.

Nach dem Motto:

Wer zuletzt reinkommt, stellt sich hinten an, wurden mir dann die Kurse zugewiesen, die kein anderer haben wollte. Mich störte das nicht, ich hatte sowieso erst einmal damit zu tun, mich dort einzuleben, mein äußerst mangelhaftes Türkisch wenigstens ein bisschen zu erweitern, und das ging mithilfe meiner türkischen Freunde ganz gut, vor allem auch, weil ich viel in die kleinen Basare in Ankara ging, wo man immer mit einem Tee begrüßt und zu einem kleinen Gespräch eingeladen wurde. Ich habe zwar nie richtig gut Türkisch gelernt, konnte mich aber ziemlich bald gut verständlich machen. Das half mir auch im Unterricht, weil die Studenten – stolz auf ihr Land – es als Abwertung betrachteten, wenn man sich nicht um ihre Kultur kümmerte und ihre Sprache nicht sprach.

Es war meine erste Arbeitsstelle. Ich konnte mir eine schöne kleine Wohnung in Ankara mieten und sie auch gut und sehr billig einrichten, denn wir wollten ja nur drei Jahre in Ankara bleiben und keinen großen Umzug auf dem Hin- oder Rückweg veranstalten. Ankara hatte damals ein Wasserproblem, das bedeutete, dass man oft kein Wasser in der Wohnung hatte, meistens nur kurz, aber manchmal blieb das Wasser auch für ein oder zwei Tage weg. So stellte man sich immer mindestens zwei Eimer Wasser bereit, um sich waschen zu können und auch für die Toilette.

Ich bekam von der Universität ein kleines Gehalt und einen großen Zuschuss vom DAAD; das erlaubte es mir, dass ich mir schon in den ersten Monaten ein Auto bestellen konnte, einen Käfer. Nach meinem ersten Semester fuhr ich dann wieder nach Hamburg und dann mit meiner Frau, die ich 1967 geheiratet hatte, im Februar mit dem Auto und dadurch mit vielen Sachen, die man in Ankara nicht bekommen konnte, nach Ankara zurück.

Die lange Fahrt verlief problemlos mit dem neuen Käfer. Auch die Anmeldung mit dem Auto klappte mit etwas Bestechungsgeld gut. Dann begann gleich mein neues, das zweite Semester. Ich bekam einen Kurs im SprachLabor zugewiesen, mit dem sich dort ja niemand auskannte. Den Studentinnen und Studenten konnte ich dann viel schneller Deutsch beibringen und auch zeigen, dass ich ihnen Deutsch beibringen konnte, sie mich aber nicht in Türkisch unterrichten mussten.

Wir haben im Unterricht immer viel gelacht, denn wenn ich etwas auf Türkisch sagen wollte, passierten mir immer viele Fehler. Es gab an der Universität zwei Kurse, einer vormittags, einer abends. Die Abendstudenten waren nebenher fast alle berufstätig und wollten vor allem deshalb Deutsch studieren, weil sie hofften, dadurch einen besseren Job zu finden. Das hat mir sehr imponiert.

Meine Frau hatte inzwischen auch promoviert und bekam an einer anderen Universität eine Stelle, sodass wir beide gut beschäftigt waren. Wir haben unsere Studierenden immer einmal im Semester zu uns nach Hause eingeladen. Das wurde an der Universität aber nicht gerne gesehen, weil das die anderen Lehrkräfte nicht taten, aber es wurde dann doch geduldet, wir waren schließlich Ausländer.

Wir haben viele Reisen in der Türkei gemacht, bekamen auch öfter Besuch von Verwandten oder Freunden, denen wir dann die Türkei zeigten.

So haben wir nicht nur den ganzen Westen und die Südküste gesehen, sondern waren auch in Kurdistan bis Gaziantep und Diyarbakır. Wir fanden die Städte wie Konya oder Bursa, natürlich auch Istanbul ganz toll und auch die Landschaften und die Menschen, die wir dort trafen und mit denen wir immer ein gutes Verhältnis bekamen. In Kurdistan gab es noch viele Menschen, die ihre Tiere in der freien Wildnis hielten, die aber sehr freundlich zu uns waren, wenn wir uns mit ihnen unterhielten. Was uns überall gefiel war die Landschaft, die so vielfältig ist und so unterschiedlich, sei es in Bursa mit dem hohen Berg oder auch die weitläufige, freie Landschaft zwischen Ankara und Konya.

Ganz wenig haben wir vom Schwarzen Meer gesehen und dem dortigen Tee-Anbau. Während einer Reise nach Istanbul wurden wir nachts von einem Erdbeben geweckt, das zwar nicht in Istanbul stattfand, sondern weiter südöstlich, aber doch ganz deutlich zu spüren war. Es war trotzdem ein Schreck für alle. Man flüchtete aus den Häusern und ging erst nach langer Zeit wieder zurück. Wir hatten ja Glück, weil uns nichts passierte und den Menschen in unserer Nachbarschaft auch nicht.

In der Türkei habe ich auch angefangen, mich mit Antiquitäten zu beschäftigen und Teppiche zu sammeln. Man durfte aber schon damals nur Dinge aus der Türkei ausführen, die weniger als 100 Jahre alt waren. ABER es gab ja auch sehr viele Dinge, die alt und schön waren: Petroleumlampen und Teppiche als Beispiel. Während des Studiums hatte ich schon angefangen gehabt, Bücher zu sammeln, fand aber natürlich in Ankara kaum deutsche Bücher.

Der DAAD vergab auch Stipendien an türkische Studierende, mit denen sie dann für ein bis zwei Monate nach Deutschland fahren konnten. Die Stipendien waren sehr großzügig bemessen. Ich fand aber, dass man mit einem Sommerkurs in Ankara für die Studenten viel mehr erreichen könnte und viel weniger Geld bräuchte. Deshalb schlug ich dem DAAD vor, dass wir Lektoren in Verbindung mit dem Goetheinstitut, das es in Ankara gab, einen dreiwöchigen Sommerkurs veranstalten sollten. Alle DAAD-Lektoren von den Universitäten in Ankara waren bereit mitzumachen. Der DAAD war nach einiger Diskussion einverstanden und so wurde dann 1970 und auch 1971 wieder solch ein Sommerkurs veranstaltet.

Wie man solche Kurse gestalten konnte, damit das Lernen auch Spaß machte, hatte ich ja während des Studiums in Hamburg bereits gelernt. Es gab eine feste Regel für die Teilnehmenden: Man durfte während des Kurses den ganzen Tag nur deutsch miteinander reden, auch in den Pausen. Wir hatten eigentlich nicht erwartet, dass dies reibungslos klappen würde, aber alle hielten sich daran.

Wir machten Ausflüge mit den Teilnehmenden z. B. auch einen Tagesausflug nach Hattusa, der ehemaligen hethitischen Hauptstadt, die wir selbst schon vorher besichtigt hatten und die wir als sehr eindrucksvoll ansahen. Außerdem gaben wir

Empfänge, zu denen Professoren und auch der Leiter des Kulturreferates der Deutschen Botschaft kam.

Die Studenten fanden den Kurs sehr gut, verbesserten in dieser Zeit ihr Deutsch recht ordentlich, und auch die vorherigen kritischen Bedenken unserer türkischen Kolleginnen und Kollegen verschwanden schon nach dem ersten Sommerkurs. Und so waren am Ende alle dafür, den Kurs im nächsten Jahr zu wiederholen, was dann auch geschah.

Das sollte unser letztes Jahr in Ankara sein, wir zwei wollten nicht versuchen, den Aufenthalt zu verlängern. Und als ich zufällig in der „Zeit" eine Stellenanzeige sah, mit der die VW AG einen Mitarbeiter suchte, der Pädagogik der Erwachsenenbildung studiert hatte, bewarb ich mich dort, denn dies war ja in der Promotion mein drittes Fach gewesen. Man lud mich ein, mich in Wolfsburg vorzustellen, wenn ich in Deutschland sei.

Im Frühjahr 1971 sollte unsere Tochter geboren werden und meine Frau flog deshalb gleich zu Beginn der Semesterferien im Januar nach Deutschland. Ich sollte folgen, wurde aber erst einmal schwer krank, hatte wohl eine Art Typhus, wie man mir später in Deutschland erklärte, konnte dann aber doch nach kurzer Zeit nach Deutschland fliegen, musste aber erst noch für ein paar Tage ins Krankenhaus. Aber nach kurzer Zeit konnte ich mich dann in Wolfsburg vorstellen und wurde angenommen. Ich bekam einen Vertrag ab November 1971, wollte auch erst dann anfangen, um den zweiten Sommerkurs noch in Ankara durchführen zu können.

So fing ich im November 1971 bei VW in der Abteilung Managementtraining an, hatte aber keine Ahnung, was das eigentlich bedeutete. Der Leiter der Abteilung war ein Musikwissenschaftler, der viel Verständnis für mich hatte und auch bemerkt hatte, wie ich mich bemühte, mich in dieses Aufgabengebiet einzuarbeiten und erwachsenbildungsgerecht zu gestalten. Ich sollte seiner Meinung nach die Kurse pädagogisch überarbeiten. Meine Kollegen warnten mich aber gleich am ersten Tag: *„Pass auf, du lässt meinen Kurs zufrieden, sonst gibt es Ärger."*

Und da ich von Managementtraining keinen blassen Schimmer hatte, fiel es mir leicht, erst einmal ganz wichtige Dinge zu tun: Kopien machen, Autos waschen und was es sonst noch so an Hilfsarbeiten gab, die die anderen brauchten. Nebenbei befasste ich mich mit den Kursangeboten, durfte/sollte auch an einigen Kursen teilnehmen und merkte, dass die Pädagogik in der Industrie der Pädagogik an der Universität haushoch überlegen war: Fallstudien, Videoaufzeichnungen und Analysen der Gespräche waren im Managementtraining völlig üblich. Ich war also im Grunde arbeitslos.

Kurz darauf kündigte dann ein Trainer eines Führungsseminars, und da alle Kurse im Teamteaching durchgeführt wurden, suchte der andere nach einem Ersatz und fragte mich. Es ging um das Seminar Führungstechnik und das galt als Grundlage des Managementtrainings. Ich sagte natürlich sofort zu, musste dann als Erstes den Kurs als Teilnehmer mitmachen und danach beschloss man, mich dort einzuarbeiten. Der Kurs wurde in Lizenz eines externen Trainers durchgeführt, der auch bestimmte, ob und ab wann man wirklich als Trainer den Kurs durchführen durfte. Die Prüfung bestand darin, mit einem Neuling einen Kurs durchzuführen. Das gelang mir nach einem Jahr. Von da an habe ich diesen Kurs permanent durchgeführt und dann auch noch andere Kurse dazubekommen. Mir hat das viel Spaß gemacht, obwohl es sehr anstrengend war, denn die Kurse gingen oft bis tief in die Nacht, vor allem der Kurs Führungsverhalten.

Neben dem Kursprogramm bei VW begann ich, an der Volkshochschule Kurse zu leiten. Es waren zuerst Fernkurse, die damals über die VHS angeboten wurden und zu denen es dann Begleitkurse gab, damit die Teilnehmer sich intensiver mit den Themen auseinandersetzen konnten, z. B. ein Kurs pädagogische Psychologie und andere Kurse, die damals als Fernkurse angeboten wurden. Aber ich habe dann auch eigene Kurse angeboten, die ich entwickelt hatte, Kreativitätstraining zum Beispiel. Mit der VHS konnte ich meine Termine so abstimmen, dass sie zu meinem Programm bei VW passten.

Ich habe bei diesen Kursen immer darauf geachtet, dass ich selbst dabei lernen musste; das machte die Kurse erstens für mich interessanter und zweitens konnte ich besser verstehen, welche Schwierigkeiten man mit den Inhalten und der Darstellung in den Fernkursmaterialien hatte. Außerdem wollte ich meinen Kopf immer trainieren und das geht eben gut, wenn man lernt.

Meine Frau hat dann 1972 angefangen, an der Schule Deutschunterricht zu geben. Das war anfangs etwas schwierig, weil sich ja jemand um unsere kleine Tochter kümmern musste. Da aber an der Schule, an der sie anfangen sollte, einige Frauen auch dieses Problem hatten, taten sich die Frauen zusammen und beschäftigten eine Erzieherin, die sich um die höchstens vier Kinder kümmerte. Und die Schule, der es an Lehrkräften fehlte, stellte einen Raum zur Verfügung, sodass alles gut geregelt war. Meine Frau wollte dann auch an die VHS wechseln und dort Deutsch für Ausländer unterrichten. Sie kündigte dann, obwohl es ihr auch leidtat, denn der Deutschunterricht mit der 12. Klasse, die sie unterrichtete, hatte ihr sehr gut gefallen, aber es war einfach zu viel geworden und die Erzieherin, die sie angeheuert hatten, hatte den Job aufgegeben.

Wir blieben bis 1978 in Wolfsburg, und weil ich mich mit VW des Gehaltes wegen zerstritt und man ein ganzes Jahr nicht auf meine Forderungen einging, besorgte ich mir einen neuen Job und kündigte. Auf einem Kurs bei Audi, dessen Management von VW mittrainiert worden war und die mich daher gut kannten, wurde ich gefragt, ob ich nicht zu Audi kommen wollte. Ich sollte Leiter der Personalentwicklung werden, also die gesamte Berufsbildung an beiden Standorten Ingolstadt und Neckarsulm übernehmen, also Berufsausbildung, Weiterbildung, Managementtraining, Traineeprogramm und auch das Beurteilungswesen für Führungskräfte. Das geschah dann auch so. Es verzögerte sich etwas, weil ich als Tarifangestellter bei VW ausgeschieden war und man mich nicht gleich als Hauptabteilungsleiter einstellen wollte, um VW nicht zu verärgern. Audi war damals noch sehr abhängig von VW.

Die Aufgabengebiete bekam ich aber gleich übertragen, habe auch von meinem Chef große Hilfe bekommen, denn ich wusste zwar viel über Führung von Mitarbeitern, hatte aber selbst noch keine eigene Führungserfahrung. Und zu wissen, was man tun muss, heißt noch lange nicht, dass man das auch umsetzen kann. Und es ging ja auch um die betriebliche Planung und die finanzielle Kontrolle des riesigen Bereiches, für den ich nun verantwortlich war. Zu dieser Zeit wurde gerade auch ein neues Gebäude für die Berufsausbildung in Ingolstadt geplant und erstellt, auch dafür war ich der Hauptverantwortliche und dafür zuständig, dass die Baukosten nicht aus dem Ruder liefen.

Während der Bauphase ging dann auch noch die Baufirma pleite, wir mussten eine neue suchen, und es war klar, dass wir nicht mehr Geld ausgeben durften, als vorher geplant gewesen war. Das hieß zunächst einmal, dass wir Einsparungen vornehmen, also den Aufwand reduzieren mussten. In manchen Bereichen war das einfach, in anderen sehr schwierig, denn im Bildungszentrum fanden auch die Aufsichtsratssitzungen der AUDI AG statt und dieser Bereich musste natürlich gehobenen Ansprüchen gerecht werden. Es war sehr spannend, aber ich habe dadurch gleich in der ersten Zeit viel über meine Aufgabengebiete gelernt. Und gleichzeitig konnte ich dadurch zu meinen Mitarbeitern ein gutes Verhältnis aufbauen, denn ich habe sie in alle Entscheidungen mit einbezogen. Und ich habe dabei auch die Verwaltungsstruktur von Audi kennengelernt und wusste danach auch, wie man eine Veränderung einleiten muss, damit sie auch wirklich funktioniert.

Da es immer darum ging, das neue Gebäude schnell zu erstellen, war es für uns alle ein Lernprozess, denn natürlich waren die Leute von der Baufirma es auch nicht gewohnt, solch ein Projekt zu bewältigen, und so orientierten sie sich an den Verfahrensweisen, die sie von anderen Projekten her kannten. Das ist ja bei allen Organisationen so, dass man die überkommene Form wählt.

Da ich Leiter von zwei Ausbildungsabteilungen war, konnte ich immer die Frage stellen: Wie machen das denn die anderen? Manchmal war das gar nicht bekannt, obwohl es in beiden Werken fast die gleichen Ausbildungsberufe gab. So haben letztlich alle viel dabei gelernt und wir konnten auch etliche Sparmaßnahmen durchführen, die bisher nur an einem der Standorte verwirklicht worden waren. Das hatte auch den Vorteil, dass Veränderungen insgesamt positiver bewertet wurden und wirkte sich auch positiv auf die Modellversuche in der Berufsausbildung aus, die Audi dann durchführte. Bei dem ersten Modellversuch ging es um die Ausbildung von Mädchen in den gewerblich-technischen Berufen, bei dem zweiten dann um die Ausbildung von Jugendlichen aus Gastarbeiterfamilien, bei einem dritten um die Erweiterung der Ausbildungsinhalte um viele moderne technologische Inhalte, die in der Fabrik schon genutzt wurden, aber in den Ausbildungsberufen noch nicht vorgeschrieben wurden. Die Bereitschaft, all dies umzusetzen, wuchs von Projekt zu Projekt.

Dazu kam natürlich, dass diese Projekte, die zusammen mit dem Bundesinstitut für berufliche Bildung durchgeführt wurden, auch in der Presse große Aufmerksamkeit erregten und deshalb auch oft Politiker aus Bayern, aber auch aus dem Bund zu Audi kamen, um sich dies vor Ort einmal genauer anzusehen. Und da auch die Tochter des Produktionsvorstandes in der Werkstatt eine gewerblich-technische Berufsausbildung machte, hatten wir im Werk selbst keinerlei Probleme.

Ich war eigentlich schon nach relativ kurzer Zeit fast überflüssig in meinem Bereich, denn meine Leute waren wirklich toll, sehr interessiert und aufgeschlossen und beherrschten die neuen Inhalte immer sehr schnell. Ich habe dann angefangen, viel über die Bildung bei Audi zu veröffentlichen. Da der Vertrieb sich da noch immer in den Händen der VW AG befand, konnte Audi selbst keine Reklame machen, meine Artikel wurden als solche Reklame angesehen und intern auch bewertet. Und da ich gerne schreibe, erfüllte mich diese Nebenaufgabe; die ja auch für Audi wichtig war.

In dieser Zeit führte Audi die Investitionsanalyse ein. Es handelte sich dabei um ein Verfahren, bei dem schon beim Investitionsantrag – also fünf Jahre, bevor die Investition getätigt werden sollte – mit angegeben werden musste, wie sich diese Investition personell auswirken würde – und zwar nicht nur quantitativ, sondern auch qualitativ. Es ging darum zu wissen, wie sich das auf die Mitarbeiter auswirken würde und wie man die Mitarbeiter darauf vorbereiten müsste, um Kündigungen zu vermeiden. Und die Qualifizierung, die meistens vorgenommen werden musste, weil sich die Technik ja permanent veränderte, konnte man so problemlos bewältigen. Für uns in der beruflichen Bildung hatte das auch den Vorteil, dass wir die neuen Qualifikationen auch in die Berufsausbildung integrieren konnten, sodass unsere Auszubildenden im Werk immer als sehr qualifiziert galten und gerne übernommen wurden.

Ich habe in der Zeit bei Audi viel in Gremien der Industrie- und Handelskammer und der Arbeitgeberverbände in Bayern und im Bund mitgearbeitet, vor allem weil ich dies Arbeitsfeld auch mitgestalten wollte und dadurch auch sehr viele Informationen darüber bekam, wie andere dies in ihrem Unternehmen regelten und organisierten. Dieses Engagements wegen wurde ich dann auch als einer der deutschen Delegierten zur Weltweiterbildungskonferenz nach Paris entsandt.

Weiterbildung war in jener Zeit eine ganz wichtige unternehmerische Aufgabe und Deutschland war auf diesem Gebiet eine der führenden Nationen, denn in vielen anderen Staaten gab es oft kein System der Industrie- und Handelskammern so wie in Deutschland und daher meistens auch kein System wie die Meisterausbildung bei uns. Und es gab ja auch die Handwerkskammern, die ebenfalls für die Qualifizierung er Menschen viel leisteten. Und so wie in Deutschland auch veränderte sich überall in der Welt durch den technischen Fortschritt die Arbeitswelt, und wer konkurrenzfähig bleiben wollte, musste mit diesem Fortschritt mithalten. Deshalb war es bei Audi auch zu der Investitionsanalyse gekommen, damit die Mitarbeiter nicht entlassen werden mussten, wenn sich die Technologie an ihren Arbeitsplätzen veränderte und ganz andere Qualifikationen verlangte. Entlassungen wären auch sehr teuer geworden und hätten natürlich auch zu großen Unruhen geführt. Ich wurde nach der Konferenz in Paris von etlichen Unternehmen eingeladen, die genauer wissen wollten, was Audi da genau machte. So auch nach London und wieder Paris, weil die Bildungsverantwortlichen, mit denen ich mich in den Pausen über unser Konzept unterhalten hatte, wollten, dass ich dies in ihren Unternehmen auch den Leitungen vorstellte. Auch dies war eine gute Werbung für Audi, und darauf kam es mir auch immer an.

Ich war damals schon sehr stolz auf Deutschland, so wie viele andere Menschen auch, denn ich wusste natürlich, dass Deutschland ein sehr soziales System aufgebaut hatte, von dem viele Menschen tagtäglich profitierten. Die Wirtschaft florierte fast immer, und auch in den Unternehmen hatte sich durch das Betriebsverfassungsrecht ein soziales System entwickelt, das von den Betriebsräten gut wahrgenommen und geschützt wurde. Als Bildungsmanager hat man mit den Betriebsräten und der Jugendvertretung viel abzustimmen, und ich habe dort fantastische Menschen kennengelernt. Sie haben auch dafür gesorgt, dass die berufliche Bildung bei uns so ernst genommen wurde und damit die Qualifikationen entstanden, die es Deutschland ermöglichten, sich so positiv zu entwickeln.

Und die ganze Welt veränderte sich inzwischen ständig rasant weiter und hatte sich auch total verändert. Urlaub zu machen in anderen Ländern war so gut wie selbstverständlich geworden, viele Fernsehprogramme entstanden neu. Die Buntschirme – wie die Fernsehgeräte anfangs hießen – waren Allgemeingut geworden. Aber man muss auch wissen, dass es vielen Menschen in Deutschland weniger gut ging, sehr oft, weil die Väter im Krieg geblieben waren und die Frauen mit den Kindern allein geblieben waren, oft auch nur sehr schlecht bezahlte Arbeit bekamen.

Der ehemalige Personalvorstand war als Vorstand nach Shanghai gegangen, als dort das VW-Werk eröffnet wurde und er schickte uns gleich anfangs eine Gruppe von hohen Führungskräften nach Ingolstadt, damit sie sehen konnten, wie man bei Audi arbeitet. Wir im Bildungswesen sollten sie betreuen. Sie kamen ganz kurz vor Weihnachten an, auf uns kam dadurch eine schwierige Aufgabe zu, denn Audi hatte über Weihnachten wie immer geschlossen. Aber wir konnten wenigstens noch ein bisschen Deutschunterricht organisieren, damit sie dann allein einkaufen gehen konnten, was sie auch wollten. Außerdem haben meine Frau und ich sie zu einer weihnachtlichen Feier bei uns zu Hause eingeladen, bei der die Musikgruppe, die meine Frau leitete, weihnachtliche Lieder spielte. Das hatte auch den Vorteil, dass wir in dieser privaten Situation mehr und freier mit den Leuten reden konnten, denn eigentlich durfte niemand mit uns reden, nur die Dolmetscher waren befugt dazu, sie waren die politischen Aufpasser. Aber zwei von der Gruppe sprachen ganz gut Deutsch, sodass wir uns ein wenig unterhalten konnten.

Auch privat hat sich in der Audi-Zeit viel für uns verändert: Ein Sohn wurde geboren, der bei der Geburt starb. Die psychischen Probleme, die meine Frau damals schon hatte und derentwegen sie auch schon in Wolfsburg in Behandlung gewesen war, brachen stärker als zuvor wieder durch und sie musste deshalb mehrfach ins Krankenhaus. Sie fuhr auch oft in die Kur, aber das alles brachte eigentlich nie etwas. Die Ursache für ihre Störung habe ich dann leider erst viel später bei einer Familienaufstellung erfahren. Die Ursache war ihr Vater, den sie im Alter von drei Jahren verloren hatte, und den sie unendlich vermisste. Leider war keiner der Psychologen darauf gekommen, dass die Sehnsucht nach ihrem Vater so überaus stark war.

Wir blieben zusammen, bis unsere Tochter nach ihrem Abitur eine Berufsausbildung begann und von zu Hause fortzog. Mir war das immer wichtig gewesen, so lange zu Hause zu bleiben, bis unsere Tochter auszog, obwohl meine Frau und ich im Grunde nicht mehr zusammenlebten. Ich hatte längere Zeit auch die Vermutung, dass ihre Krankheit mit mir zusammenhängen könnte. Ärzte, die ich darauf ansprach, meinten aber, das sei nicht der Fall und ich habe es gerne geglaubt. Wir haben uns dann aber getrennt, bei meiner Frau hat sich dadurch leider nichts geändert.

Viele Jahre später; als ich an Familienaufstellungen nach Bert Hellinger teilnahm, habe ich erst verstanden, dass es damit zusammenhing, dass sie ihr ganzes Leben lang nach ihrem Vater suchte (s. o.). Sie hatte ihn unendlich geliebt, das wusste ich zwar schon immer, aber da er in den letzten Kriegstagen in Hamburg umgekommen war, konnte man daran nichts ändern. Da sie bei ihren Männerbeziehungen immer nur nach ihm suchte, ihr den Vater aber niemand ersetzen konnte, erkrankte sie so schwer, sodass sie letztlich auch daran gestorben ist. Ich habe nie verstanden, wieso keiner der vielen Psychotherapeuten, die sie behandelt haben, darauf gekommen ist, dass sie ihren Vater suchte. Aber es war so und niemand konnte ihr helfen.

Als der ehemalige Personalvorstand von Audi, der nach Shanghai gegangen war, dann als Personalvorstand nach Wolfsburg berufen wurde, meinten meine Leute gleich, dass ich nun auch nach Wolfsburg gehen würde. Das wollte ich aber gar nicht, weil mir das Klima bei Audi gut gefiel. Es kam dann aber doch dazu, dass ich gebeten und auch von Audi aufgefordert wurde, dem Wunsch des Personalvorstands von VW zu folgen und nach Wolfsburg zu gehen. Dort sollte ich die Führungskräfteplanung und -entwicklung übernehmen: Die Aufgabe reizte mich, weil ich ja wusste, wie schwer es war, Führungskräfte ins Ausland zu bringen, wenn dort ein Werk aufgebaut wurde und wie schwierig auch die Reintegration nach solche einem längeren Auslandsaufenthalt war. Denn die Leute, die rausgeschickt wurden, waren meist angesehene Fach- oder Führungskräfte, die dann in den Auslandswerken bald viel höhere Posten übertragen bekamen und dann in Deutschland nicht wieder ihre ehemalige Funktion übernehmen wollten.

Zurück in Wolfsburg fragte mich dann ein Kollege gleich, ob ich ihm bei seinem Kurs helfen könnte. In dem Kurs ging es um ein Planspiel, in dem vier Gruppen, die vier Unternehmen repräsentierten, auf einem virtuellen Markt gegeneinander antraten. Die Teilnehmer sollten lernen, wie der Markt funktioniert; die Entscheidungen der Teilnehmer wurden in den Computer eingegeben, der berechnete dann, wie gut die jeweiligen Unternehmen mit ihren Entscheidungen im Markt ankamen. Das Ganze wurde ausgedruckt und danach wurde die nächste Periode gespielt. Ich musste sehr viel lernen, nicht nur über den Umgang mit dem Computer, wo alles noch mit Lochkarten eingegeben wurde, sondern auch betriebswirtschaftlich, um den Teilnehmern dann erklären zu können, warum sie sich im Markt nicht hatten behaupten können.

Nach meiner Scheidung hatte ich in Wolfsburg zum zweiten Mal geheiratet und meine Frau begleitete mich auf der Reise mit den Südafrikanern durch Deutschland. Denn das wollte ich nicht alleine machen, weil auch Frauen zu der Gruppe gehörten, und man konnte ja nicht wissen, ob es dadurch irgendwelche Probleme geben könnte, die ich als Mann schlecht regeln konnte. Wir wurden bei den Reisen überall sehr wohlwollend aufgenommen, mussten aber auch lernen, dass unsere Zeitvorstellungen von einer pünktlichen Verabredung mit einer Behörde oder einem Unternehmen für die Südafrikaner so nicht galt. Sie hatten uns auch gleich kurz nach ihrer Ankunft gesagt, dass wir immer eine Abreisezeit angeben müssten, die eine Viertelstunde vor der geplanten Zeit liegt, meinten dann aber wenig später, dass sie nun wüssten, wir würden diese Viertelstunde einplanen, weswegen sie in unserem Sinne dann wieder unpünktlich waren. Im Laufe der Reise gewöhnten wir uns dann aneinander und alles klappte gut.

Genauso ging es mit der Kleidung. Es war Sommer und warm, sodass manche aus der Gruppe mit T-Shirts und sportlichen Shorts zu Empfängen beispielsweise auch bei Bürgermeistern gehen wollten, und wir mussten sie dann dazu überreden, sich geschäftsmäßig anzuziehen. Aber diese kleinen Auseinandersetzungen waren immer eher ein Grund zum Lachen, die Reisen verliefen insgesamt problemlos und fröhlich. Auf einer der Fahrten hatten wir von Koblenz nach Rüdesheim eine Dampferfahrt gebucht und unsere Gruppe sang bei dem schönen Wetter ein bekanntes südafrikanisches Lied oben auf dem Deck. Sie sangen so gut, dass uns schließlich ein Mitreisender fragte, wie dieser Chor hieße, woher er komme und ob man ihn buchen könnte. Wir haben diesen Menschen viel gezeigt, sind mit einer der Gruppen auch nach Innsbruck gefahren und zum Hafelekar hoch, wo viele von ihnen zum ersten Mal Schnee gesehen haben und eine muntere Schneeballschlacht begannen.

Wir wollten den Menschen ja viel über die Wirtschaft in Deutschland vermitteln, aber ihnen auch eine schöne Reise ermöglichen. Und wir hatten den Eindruck, dass uns das auch gelungen war. Jedenfalls hörten wir von unseren südafrikanischen Kollegen, dass etliche der Teilnehmer nach der Rückkehr in den Unternehmen, aus denen sie kamen, vieles verändert haben und die Qualität der zugelieferten Produkte und Prozesse deutlich anstieg. Und das war schließlich der Sinn der Reise gewesen.

Dieser erste Auftrag in meinem neuen Unternehmen war für mich natürlich sehr schön und ließ mich hoffen, dass der gute Start ein Zeichen war, dass ich Erfolg mit meinen Tätigkeiten haben würde. Ich wusste natürlich, dass ich andere Kunden akquirieren musste. Zunächst begann ich die Zeitungsanzeigen zu durchforsten. Wo immer ich eine Chance sah, auch als Unternehmensberater aktiv werden zu können, meldete ich mich, nachdem ich mich soweit wie möglich über das Unternehmen informiert hatte. Und ich bezog mich in einem ersten Schreiben immer auf das Unternehmen und seine Leistungen oder Produkte.

Das war allerdings nicht immer möglich, so auch bei meinem zweiten Kunden. Es handelte sich um ein Unternehmen, das Ayurvedakurse in Sri Lanka anbot und jemanden suchte, der die Interessen des Unternehmens dort vertrat. Ich fand das spannend, wollte zwar nicht dauerhaft nach Sri Lanka, aber die Insel interessierte mich doch sehr. Ich sagte bei dem ersten Gespräch, zu dem ich eingeladen wurde, gleich, dass ich mir nicht vorstellen könnte, dauerhaft in Sri Lanka zu bleiben, weil ich von Anfang an immer ehrlich mit meinen Kunden umgehen wollte, so wie ich es von ihnen auch erwartete. Sie meinten, ich könne mir das ja mal angucken, und so kam es denn auch. Ich bezahlte die Flüge, sie den Aufenthalt dort in einer wunderschönen Hotelanlage direkt am Meer; sehr gut ausgestattet und mit gutem Personal. Ich kam dann aber doch zu dem Schluss, dass ich das Angebot ablehnen sollte, zweifelte aber auch oft an mir, ob das richtig sei, tat es dann aber schließlich doch und flog zurück nach Deutschland.

Dort fing ich an, wieder zu akquirieren, fand zwei Unternehmen, die Personalentwickler suchten, und denen ich gleich helfen konnte, die richtigen Bewerber auszusuchen und mit den Unternehmen ein Personalentwicklungsprogramm zu entwerfen. Von Anfang an achtete ich auch darauf, bei Gesprächen mit Unternehmen immer auch mit der Leitung sprechen zu können. Das war erstens wichtig, um herauszufinden, worum es dem Unternehmen wirklich ging und zweitens, um zu erkunden, was ich für das Unternehmen leisten konnte und wollte. Falls ich kein Gespräch mit der Leitung führen durfte, habe ich den Kontakt gleich abgebrochen. Das hat sich als sinnvoll herausgestellt.

Ich verlor zwar sicherlich manche möglichen Kunden, aber diejenigen, mit denen es weiterging, waren dafür auch sehr verlässliche Partner, die die oft notwendigen Veränderungen auch umsetzten. Es ging am Anfang noch öfter um Führungstrainings, um die Führung zu vereinheitlichen und zu verbessern, denn oft waren in den Unternehmen die besten Fachkräfte zu Vorgesetzten gemacht worden, um sie nicht zu verlieren. Sie hatten aber oft kaum einen Schimmer davon, wie sie ihre Leute gut führen sollten. Das konnten sie in den Kursen oder auch in Coachings lernen. Die Kurse habe ich immer sehr praxisnah aufgebaut. Mehr und mehr ging es dann auch um unternehmerische Probleme, um Fragen der Zielsetzungen und Visionen, die die Unternehmen noch nicht hatten oder die lange vergessen waren. Fast immer hatten diese einmal existiert, viele der Unternehmen waren erst nach dem Zweiten Weltkrieg gegründet worden und die Gründerväter hatten diese Visionen gehabt. Aber inzwischen war diese Generation abgelöst worden, und außerdem hatte sich ja auch die Welt verändert, sodass die Produkte der Gründergeneration keinen ausreichenden Erfolg mehr hatten, vor allem wenn sie nicht permanent modernisiert und verbessert worden waren.

Viele Unternehmen wussten auch nicht, wie abhängig sie davon waren, dass sie die kreativen Ideen ihrer Mitarbeiterschaft richtig nutzten, um ihr Unternehmen insgesamt zu verbessern: die Produkte, die Dienstleistungen, die Abläufe, der Umgang mit den Kunden, die immer anspruchsvoller wurden, weil es immer mehr Konkurrenten gab. Im Prinzip wusste man das zwar, aber man setzte dieses Wissen oft nicht in die Praxis um, förderte diese Dinge bei den Mitarbeitern nicht systematisch. Natürlich ging es den Unternehmen fast überall um neue Produkte oder Dienstleistungen, sodass es auch Sinn machte, in größeren Unternehmen Entwicklungsabteilungen zu gründen. Die vielen kleinen Verbesserungen, die sinnvoll waren, um schnell besser zu werden, ergaben sich doch oft aus den Vorschlägen der Mitarbeiter. Es gab ja auch etliche große Unternehmen, in denen Mitarbeiter Verbesserungsvorschläge einreichen konnten und dafür dann auch belohnt wurden, wenn diese Vorschläge umgesetzt werden konnten. Auch bei VW war das so und hat sich für alle, auch für das Unternehmen, wirklich gelohnt.

Glückliche Zeiten? Die Sechziger-, Siebziger- und Achtzigerjahre

Die Wirtschaft florierte im Grunde schon in den Fünfzigerjahren, auch weil viele Gastarbeiter nach Deutschland geholt worden waren. Dadurch konnte oft die Produktion ausgebaut werden und viele Unternehmen begannen, ihre Produkte zu exportieren. Das war für sie und auch für Deutschland gut. Dieser Trend setzte sich in den Sechzigerjahren fort, verstärkte sich sogar noch.

Dazu kam dann in den Siebziger- und in den Achtzigerjahren, dass immer mehr rationalisiert werden konnte, denn die weiterentwickelte Computertechnik ermöglichte Rationalisierungen wie nie zuvor. Das bedeutete in manchen Berufen, z. B.

dem der Schriftsetzer, dass sie fast ganz überflüssig wurden. Das rief große Proteste hervor, setzte sich aber dennoch durch.

Die Sechzigerjahre begannen – wie gerade schon gesagt – wie die Fünfziger aufgehört hatten. Man hatte sich inzwischen daran gewöhnt, dass es ständig aufwärtsging und wollte das auch so fortsetzen. Schon in den Fünfzigern hatte man in Europa begonnen, sich staatlich aufeinander zuzubewegen und die Europäische Wirtschaftsgemeinschaft (EWG) gegründet, weil man sicherstellen wollte, dass es nie wieder zu einem Krieg in Europa kommen sollte und man außerdem die wirtschaftliche Zusammenarbeit nutzen wollte, um dadurch in der Welt stärker zu werden. Etliche Staaten interessierten sich dafür, diesem Bündnis beizutreten, obwohl es noch keine Art Staatenbund war, sondern erst 1985 mit dem Schengener Abkommen zu einer Art Staatenbund wurde. Aber schon in den Sechzigern war man in der Bevölkerung sehr sicher, dass die EWG ausgeweitet werden und man auch näher aneinander heranrücken würde. Man erlebte einfach, wie wichtig das für den Handel und die ganze Wirtschaft war und damit auch für jeden Menschen im Land.

In den Sechzigerjahren begann dann in Deutschland die studentische Kritik an den Universitäten, die man als autoritär erlebte und deren Strukturen man als nicht mehr passend empfand. Die Kritik daran wurde von studentischen Gruppen immer härter geführt, es entstand ein Widerstand, der sich gegen den Staat insgesamt richtete und den Staat total verändern wollte. Der geplante Aufstand wurde aber schon bald niedergeschlagen, viele der Verursacher und Verursacherinnen kamen in Haft und wurden oft zu langen Haftstrafen verurteilt. Es kam glücklicherweise nicht zu einem Krieg, obwohl die Auseinandersetzungen militärischen Charakter hatten.

Es gab in dieser Zeit noch eine große politische Affäre durch Franz Josef Strauß, der einen Konflikt mit dem Spiegel begann – auch dieser Konflikt endete aber ohne kriegerische Auseinandersetzungen. Die Spiegelaffäre gilt aber für viele auch heute als eine der größten politischen Affären der BRD.

Das tägliche Leben verlief damals aber noch ganz anders als heutzutage. Wer arbeiten ging, erhielt oft freitags seine Lohntüte. Girokonten hatten die meisten noch nicht. Auch ich bekam in den Jobs, die ich aufnahm, immer noch meine Lohntüte. Vor den Firmen, in denen die Männer arbeiteten, standen freitags oft die Ehefrauen, versuchten, den Männern die Lohntüte abzunehmen, weil die Männer sonst oft in Kneipen gingen und nicht selten viel von ihrem Lohn versoffen. Und sie mussten ja die Familie in der nächsten Woche versorgen können. Gerade in Gebieten wie Altona in Hamburg gingen die Männer eben, wenn sie Geld bekommen hatten, gern in Kneipen, das war so üblich gewesen und hielt sich damals noch.

Als ich während des Studiums einmal in der Sparkasse gearbeitet habe, kam eines Tages ein Mann mit einer Aktentasche zu mir an den Sparschalter, schüttete die Tasche aus, und vor mir lagen Berge von Geldscheinen. Er wollte dieses Geld auf sein Sparkonto einzahlen. Meine Kollegin sagte, ich sollte das Geld zählen und dann den Betrag auf sein Sparkonto einzahlen, was ich dann auch tat. Hinterher erzählte man mir, dass der Mann am Monatsanfang immer komme, immer mit der vollen Geldtasche. Es war ein Bauer, der am Rande von Billstedt seinen Hof hatte. Ein Bauunternehmen hatte ihm ein großes Stück Land abgekauft, um dort hohe Mietshäuser zu bauen. Er hatte ihnen dann das Grundstück, das sie haben wollten, übergeben, aber mit der Auflage, ihm eins der Mietshäuser zu überlassen und dafür mussten sie nichts bezahlen. Sie hatten sich so mit ihm geeinigt, und dadurch konnte er nun viele Wohnungen vermieten, holte am Anfang des Monats die Miete immer persönlich bei den Mietern ab, um dann das Geld zur Sparkasse zu bringen. Er wollte keine Buchführung und all diesen Kram, wie er sagte, so wäre es für ihn einfacher. Man sagte mir auch, dass es vielen Leuten in Billstedt so ginge, vor allem auch den Marktleuten.

Es gab in dieser Zeit keine größeren Krisen, allerdings entwickelte sich die 68er-Bewegung. Es fing mit der Bürgerrechtsbewegung der Afroamerikaner an, danach kam es zu der Protestbewegung gegen den Vietnamkrieg. Es gab ähnliche Proteste in vielen Staaten der Welt, u. a. auch in Deutschland, wo daraus dann die Studentenbewegung entstand. Die Jugend, vor allem auch die Studenten waren mit der politischen Situation sehr unzufrieden geworden und protestierten zunächst vor allem an den Universitäten. Der Protest und ihre Wut richteten sich zunächst gegen die Professoren mit dem Spruch:

Unter den Talaren der Muff von tausend Jahren.

Letztlich entstand aus dieser Bewegung dann die RAF, die sich zur terroristischen Organisation entwickelte und ganz Deutschland lange Zeit in Angst und Schrecken versetzte (s. o.).

Deutschland war ja immer noch geteilt, der Mauerbau 1961 hatte die Teilung noch verschärft. Viele Menschen in Ost und West litten darunter, dass sie nun die Verwandten im anderen Teil gar nicht mehr sehen konnten und natürlich auch die Gegenden nicht mehr besuchen durften, aus denen sie stammten, zum Teil von dort auch geflohen waren.

Die Arbeitslosigkeit in Deutschland war unter Ludwig Erhard als Kanzler sehr zurückgegangen, teilweise gab es Vollbeschäftigung, und es wurden gezielt Menschen in Südeuropa angeworben, um den Bedarf an Arbeitskräften zu decken. Die Vollbeschäftigung hielt bis zur ersten Ölkrise 1973 an, von da an stiegen die Arbeitslosenzahlen, blieben aber in den Siebzigerjahren zwischen 4,3 % und 4,7 % und fielen dann zu Beginn der Achtziger noch einmal zurück auf 4 %, stiegen dann aber 1981 und 1982 rapide auf 7,5 %. Da man ja an die Vollbeschäftigung inzwischen gewöhnt war, beunruhigte das die Menschen sehr, zumal man sich inzwischen an einen Lebensstil gewöhnt hatte, der ein regelmäßiges gutes Einkommen voraussetzte.

Aber Deutschland war in sich gut aufgestellt, die Krankenversicherung, das ganze Sozialversicherungssystem, die zwar oft konfliktreichen, letztendlich aber doch erfolgreichen Tarifverhandlungen, die vielen Betriebsvereinbarungen, die es in Deutschland bei vielen Betrieben gab – all dies machte das System stabil.

Man darf aber nicht vergessen, dass in diesen Jahrzehnten auch viele Arbeitsplätze verloren gingen, meistens wegrationalisiert wurden. Ältere Menschen erinnerten sich immer an die

Zeit, in der es überall Gemischtwarenhändler gab, die durch die Entwicklung der Supermärkte fast überall schnell verschwanden. Und es waren nicht wenige Leute, die früher in den Gemischtwarenläden gearbeitet hatten. Auch die technische Entwicklung sorgte dafür, dass Berufe ausstarben, so z. B. der des Schriftsetzers, ein hoch anerkannter Beruf, der überflüssig wurde, als die Texte mit Computern erfasst wurden. Das traf auch viele Drucker und Grafiker (s. o.).

Das Wirtschaftswachstum in den Achtzigerjahren lag ziemlich hoch, so zwischen 1,8 % und 5,7 % und die Erwerbstätigkeit nahm regelmäßig zu, und doch gab es meistens über zwei Millionen Arbeitslose; diese Zahl sank dann erst 1990 knapp unter diese Marke. Die Zahl der Erwerbstätigen hatte immer zugenommen, auch weil mehr Frauen berufstätig wurden und starke Jahrgänge die Berufstätigkeit aufgenommen hatten.

Obwohl es in den Siebziger- und Achtzigerjahren Probleme auf dem Arbeitsmarkt gab, blieb es insgesamt in Deutschland ruhig und friedlich, von den terroristischen Aktivitäten der RAF (Rote Armee Fraktion) abgesehen, die das Land nach wie vor beunruhigten. Aber es herrschte Frieden, Europa wuchs weiterhin zusammen. Das Schengener Abkommen führte dazu, dass man ungehindert durch viele Länder Europas reisen konnte, sodass das Gefühl der Freiheit zunahm.

1989 kündigte sich dann die Wiedervereinigung an, die dann 1990 vollzogen wurde, sodass damit die deutsche Einheit wiederhergestellt war.

Ich hatte dann schon bald, nachdem ich mich selbstständig gemacht hatte, Aufträge in China, die mir der DIHT (heute DIHK) vermittelte. Es ging darum, chinesischen Unternehmern zu erklären, wie deutsche Unternehmen geführt wurden, denn China war auf dem Weg zu einem Industriestaat, und hatte bei der deutsch-chinesischen Handelskammer in Peking um Unterstützung gebeten. Es fanden für mich insgesamt drei Vortragsreisen in unterschiedliche Städte statt, auch mit verschiedenen deutschen Referenten. Da ich China vorher noch nie besucht hatte, war das sehr interessant für mich, vor allem auch, weil die Teilnehmer uns gegenüber sehr freundlich und aufgeschlossen waren. Wir merkten aber auch, dass in China alles „von oben" bestimmt wird. Einer der Teilnehmer wollte einmal, dass ich meinen Vortrag in seiner Firma halten sollte. Das wurde in letzter Minute von der Verwaltung verboten, eine Begründung gab es dafür nicht.

Ein weiterer Auftrag, auch vermittelt über den DIHT, führte mich dann in eine Reihe von Staaten in Osteuropa. Es ging darum zu überprüfen, ob die deutschen Initiativen dort den Aufbau eines wirtschaftlichen Systems wie wir es in Deutschland hatten, unterstützen könnten. Dieser Auftrag führte mich nach Russland, Ungarn, Lettland, Estland und Polen. Die Projekte, die wir unterstützen sollten, wurden z. T. von Universitäten, z. T. von Unternehmen durchgeführt. Die Projekte waren aber durchschnittlich wenig geeignet, das marktwirtschaftliche System dort zu begründen, nicht zuletzt deshalb, weil die Anwendung nicht breit genug wirken konnte.

Für mich waren die Auslandseinsätze sehr vorteilhaft, nicht nur weil ich auf diese Weise viele Länder kennenlernen konnte, sondern auch, weil mir dadurch bewusst wurde, wie gut unser System hier seit Langem funktionierte.

Zurück in Deutschland ging es dann wieder um Akquisition, das klappte auch ganz gut. Ich kam auf diese Weise mit einem Unternehmen in Kontakt, in dem ein ehemaliger Kollege von Audi inzwischen Personalleiter war. Er wusste natürlich genau, was ich dort bewegen konnte, unterstützte mich auch dabei, und so konnte ich mithelfen, das Unternehmen zu verbessern.

Dass dies nicht meine Leistung war, war mir klar; es war letztlich die Leistung der Führungskräfte, vor allem auch der Leitung. Als Externer kann man im Grunde nur Anregungen geben, die konkrete Umsetzung muss dann schon die Führung sicherstellen. Aber, ob etwas umgesetzt wird, hängt natürlich auch davon ab, welche Anregungen man gibt und vor allem, wie man sie gibt. Mir war auch immer wichtig, die Verantwortung klar zu machen, anzusprechen und jede mir mögliche Hilfe anzubieten.

Im familiären Bereich hatte sich bei mir/uns auch viel verändert. Wir hatten in Wolfsburg ein Haus gebaut, wollten aber nicht in Wolfsburg bleiben. Es gab dafür zwei Gründe: Die drei Töchter meiner Frau wohnten in Hannover, und sie wollte in ihrer Nähe sein, weil sie zwar schon erwachsen und berufstätig waren, aber noch nicht so selbstständig, wie man das in späterer Zeit wird. Für mich war das auch besser, in Hannover zu sein, weil ich von dort aus kürzere Wege zu meinen Kunden hatte und sie von dort leichter mit der Bahn erreichen konnte. Wir verkauften das Haus in Wolfsburg, kauften ein Haus in Burgwedel und zogen um. Der Kontakt zu den Töchtern meiner Frau erwies sich als gut, denn im Lebensalter von 20 bis 30 Jahren fallen doch sehr viele Entscheidungen an, bei denen eine Unterstützung gut ist. Und das Haus war groß genug, dass ich dort mein Büro und meine Frau ihre Gesundheitspraxis, für die sie sich in der Wolfsburger Zeit qualifiziert hatte, einrichten konnten.

Ich bekam dann noch verschiedene Aufträge von Unternehmen aus unterschiedlichen Branchen, wobei mir immer half, dass ich gleich zu Beginn darum bat, das Unternehmen vollständig zu besichtigen, weil ich dadurch einen genauen Eindruck davon bekam, wie man dort zusammenarbeitete. Ein paar Fragen und Antworten bei einer solchen Besichtigung sagten meistens viel mehr aus, als die Leitung glaubte.

Fragt man z. B. ein paar Mitarbeiter:

- Was machen Sie hier und wie lange brauche Sie dafür?
- Woher bekommen Sie die Arbeit und wohin geht das Teil dann (oder was immer der/diejenige macht)?
- Was passiert im nächsten Arbeitsschritt?

Die Antworten zeigen oft sehr gut, ob die Leute wissen, wie die Arbeitskette bei ihnen fließt; oft wissen sie vieles nicht. Kommt das vor, weiß man gleich, wo man später bei der Analyse ansetzen muss – fast immer ist das richtig, damit zu beginnen. Vor allem ist es wichtig, auch der Leitung oder den Führungskräften diese Fragen zu stellen und auch zu fragen, ob die Mitarbeiter/

Innen das alles genau wissen. Mir half natürlich auch, dass ich durch die vielen Unternehmen, in denen ich tätig war, die Abläufe besser und schneller erfassen konnte.

Ich hatte in den Neunzigerjahren viele sehr interessante Aufträge, bekam dann aber ein ganz anderes Angebot: Ich sollte in einem Versicherungsunternehmen als Interimsmanager die Personalentwicklung übernehmen und ausbauen. Mir war klar, dass dies bedeuten würde, dass ich die Unternehmensberatung erst einmal aufgeben musste, vielleicht später wieder aufbauen könnte, dann aber auch von vorne anfangen musste. Ich verlangte und erhielt einen festen unkündbaren Zweijahresvertrag. Das Honorar war gut, die Kosten, die dadurch entstanden, das ich an dem Standort der Versicherung eine Wohnung brauchte und Fahrtkosten anfielen, wurden von der Versicherung übernommen. Ich musste dann jeweils von Montagmorgen bis Freitagabend dort anwesend sein.

Das Versicherungsunternehmen hatte damals große Probleme, denn die Leute waren sehr unzufrieden, vor allem die vielen Hundert Sachbearbeiterinnen und Sachbearbeiter waren total unterfordert. Sie mussten jeden Tag eine bestimmte Anzahl von Vorgängen bearbeiten, schafften das aber spielend, vor allem, weil sie ihre Vorgesetzten dabei total austricksten. Es wurden ja nur die Briefe gezählt die versandt werden sollten, nicht, was darin stand. So schickten sie oft einfache Anfragen zurück mit der Begründung, da sei etwas vergessen worden. Da dies von niemandem kontrolliert wurde, „bearbeiteten" sie oft die eingehenden Rechnungen in der Krankenversicherung gar nicht, sodass die Bearbeitung oft ganz lange dauerte und die Kunden sich brieflich darüber beschwerten. Solch eine Beschwerde war dann wieder ein Vorgang, man musste ja nur antworten, dass es nur noch kurz dauert, man sich aber Mühe gäbe.

Eigentümlich war auch, dass es eine Woche dauerte, bis die Post vom Eingang ins Unternehmen dann in die entsprechende Abteilung gelangte und dass es ebenso lange dauerte, bis die bearbeitete Post dann das Unternehmen wieder verließ. Das lag oft daran, dass ausgehende Leistungsbescheide von hohen Vorgesetzten unterschrieben werden mussten, die zwar den Fall gar nicht beurteilen konnten, aber die Unterschriftsberechtigungen waren eben so geregelt. Auch das machte die Fachkräfte unzufrieden, denn sie fühlten sich einfach nicht ernst genommen.

Einige wenige Dinge konnten wir damals verändern, jedoch wurde der Manager, der mich berufen hatte, dann bald abgelöst, und es war allen klar, dass mein Vertrag auch aufgelöst werden sollte. Dies geschah dann auch so, meine Abfindung war durch den festen Vertrag, den ich hatte, ungewöhnlich hoch und ich entschloss mich, die Unternehmensberatung nicht wieder aufzunehmen. Ich hatte vorher schon begonnen, ein Buch über Führung zu schreiben; es heißt *„Fröhlich Führen"* und erschien dann auch im Jahr 2000 als Taschenbuch und wurde gut aufgenommen, sodass noch in demselben Jahr eine zweite Auflage erschien.

Gegen Ende der Neunzigerjahre hatte ich mich dazu entschieden, nur noch teilweise in dieser Weise als Berater tätig zu sein. Ich wollte ehrenamtlich tätig werden. Das konnte ich dann auch umsetzen. In Hannover wurde damals die Ausbildung zum ambulanten Hospizmitarbeiter angeboten, und ich wurde als Teilnehmer akzeptiert. Die Ausbildung sollte ein halbes Jahr dauern, fand aber auch nur einmal wöchentlich am Abend statt. Ziemlich gleichzeitig entdeckte ich eine Anzeige, mit der der AWO-Landesverband Hamburg einen Vorstand suchte, ich bewarb mich und wurde kurz darauf von der entsprechenden Versammlung akzeptiert.

Dieser Landesverband hatte viele Kindertagesstätten, mehrere Altenheime und war unter dem letzten Vorstandsvorsitzenden des Vorstandes in zwanzig Jahren sehr erfolgreich gewachsen. Der neue Vorstand wollte sich verstärken und hatte deshalb jemanden von außen gesucht. Das war nun ich geworden. Ich hatte wieder einmal keine Ahnung, was ich eigentlich tun müsste und bat darum, dass ich in jeder Einrichtungsart, die sie hatten, einen ganzen Tag dabei sein durfte, um den Betrieb genau kennenzulernen, um besser aus der Sicht der Mitarbeiterinnen und Mitarbeiter zu wissen, was wirklich geschah und notwendig war.

Beide Aufgaben waren für mich sehr positiv. Die ehrenamtliche Sterbebegleitung zwang mich dazu, mich mit meinem eigenen Leben und Tod zu befassen, führte mich im Laufe der Zeit auch zu einem anderen Verständnis. Das ganze Leben ist eine Vorbereitung auf den Tod, hatte mir einmal ein Philosoph gesagt, und er sagte auch: Der Tod ist nicht das Ende, sondern man geht nur in eine andere Welt ein, die man aber schon kennt, denn aus ihr kommt man schon.

Bei dem ersten Menschen, den ich begleiten durfte, kam ich zu einem Mann in einem Altenheim, der nicht mehr ansprechbar war und auch nicht mehr sprach. Er lag in seinem Bett, war total ruhig, hatte die Beine aufgestellt und schwankte mit ihnen permanent hin und her. Man sagte mir, dass er dies schon seit Tagen machte, führte dies auf eine innere Unruhe zurück, sagte mir aber auch, dass man ihn bisher nicht beruhigen konnte. Es wäre aber nichts Schlimmes passiert. Ich setzte mich zu ihm, sagte ihm, dass ich für ihn da wäre, er aber das machen könnte, was er wollte. Nach einiger Zeit fragte ich ihn, ob ich meine Hand auf seinen Arm legen dürfe und dass er einfach ein wenig mit dem Arm zucken sollte, falls ihm das unangenehm sei. Er ließ meine Hand ruhig liegen. Ich wusste nicht, was ich sonst noch machen konnte, da kamen mir plötzlich Kinderlieder in den Kopf, wieso weiß ich nicht. Aber ich begann, sie im Kopf tonlos zu singen. Nach ganz kurzer Zeit wurden seine Beine ruhiger und nach einer halben Stunde lagen sie ganz ruhig da. Ich wunderte mich sehr, denn ich hatte ja tonlos gesungen, er konnte also gar nichts gehört haben. Und auch die Pflegerin war erstaunt, als sie einmal hereinguckte. Und als ich dann nach zwei oder drei Stunden ging, fragten sie mich, was ich denn gemacht hätte, denn sie hatten mich ja auch nicht singen hören. Ich erzählte es ihnen, sie lachten, konnten sich das nicht vorstellen, ebenso wenig wie ich. Sie baten mich dann, wiederzukommen, das tat ich noch dreimal, am vierten Tag war der Patient ganz ruhig eingeschlafen.

Letztlich waren alle Begleitungen, die ich machen durfte, wichtige Ereignisse in meinem Leben. Ich lernte viel über mich und mein Leben, und ich war froh, anderen Menschen helfen zu können, friedlich in den Tod zu gehen, denn manche waren sehr verärgert, wenn ich zu ihnen kam, wütend auf ihr Schicksal oder auch die Familie. Darüber zu sprechen, half ihnen nach einiger Zeit meistens, ruhiger zu werden. Oft blieb von der Wut oder der Enttäuschung noch etwas übrig, aber mir schien es immer so, dass es für sie nicht mehr so belastend war.

Wie immer habe ich, wenn ich etwas Neues anfing, ganz viele Bücher über das Thema, hier also über den Tod und das Sterben, gelesen, war aber meistens sehr enttäuscht, weil die Bücher damals fast ausschließlich darstellten, was zu tun sei, wenn jemand gestorben ist und fast nichts über die Begleitung Sterbender. Ich habe dann nach einiger Zeit selbst ein Buch mitverfasst: *Ein Lebensende in Würde*

Mir ging es dabei nur darum, wie man mit sterbenden Menschen umgehen sollte, ein anderer Autor übernahm den Teil, in dem es darum ging, was nach dem Tod zu erledigen ist. Der Verlag wollte diesen Teil nicht ausblenden, und wichtig ist dieser Teil ja auch tatsächlich. Inzwischen gibt es sehr viele Bücher, die die Begleitung Sterbender zum Inhalt haben, sodass man da auch mehr Hilfe durch die Literatur bekommen kann.

Die ehrenamtliche Arbeit bei der AWO nahm mich dann nach einiger Zeit so sehr in Anspruch, dass ich mich entscheiden musste, eine der beiden Aufgaben aufzugeben. Ich entschied mich für die AWO. Im Rückblick muss ich dazu sagen, dass das die richtige Entscheidung war, auch wenn es mir damals sehr leidtat, denn ich hatte große Achtung vor meinen Kollegen und Kolleginnen in der ambulanten Sterbebegleitung, hatte auch danach noch gelegentlich Kontakt zu ihnen, war dann auch noch in einem anderen Stadtteil Hannovers beschäftigt, wurde auch von einer Stadt, in der ich wohnte abgelehnt, weil ich schon über 70 Jahre alt war. Das ist nun schon ganz viele Jahre her, und inzwischen hatte es etliche Änderungen in meinem Leben gegeben. Ich konnte die Trauerarbeit nicht so einfach fortsetzen, habe das inzwischen aber wieder begonnen.

Ich hatte bis zu den beiden beschriebenen ehrenamtlichen Aufgaben kaum ehrenamtlich gearbeitet, nur einmal, als wir in

Ingolstadt einen Arbeitskreis Schule – Wirtschaft aufbauten, um die Zusammenarbeit zwischen Schule und Wirtschaft zu verbessern, und ich da die Leitung übernommen hatte. Aber ich hatte immer große Achtung vor Ehrenamtlichen und bewundere diese Millionen von Menschen in Deutschland, die sich so um andere kümmern. Es sind ja nicht nur die Hunderttausende von Sporttrainern, durch die Kinder und Jugendlichen zum Sport finden, es sind auch die vielen Menschen in Kirchen und Gemeinden oder in anderen Vereinen oder Parteien und Sozial- und Wohlfahrtsverbänden. Dieses System ist eine der großen Stützen Deutschlands; unvorstellbar, was passieren würde, wenn es wegbrechen würde. Es ist so gewaltig, was da nach dem Krieg wiederaufgebaut wurde und trägt ganz viel zum Wohl dieses Landes bei.

Die ebenfalls ehrenamtliche Arbeit bei der AWO war sehr vielfältig durch die große Anzahl und die unterschiedliche Art der Einrichtungen, die ja so geführt werden mussten, dass sie auch wirtschaftlich bestehen konnten. Das war nicht direkt die Aufgabe des Vorstandes, sondern der Geschäftsführung, aber gerade wenn neue Dinge eingeführt werden sollten, war es auch notwendig, dass die Belegschaft spüren wollte und musste, dass der Vorstand dahinter stand. Und natürlich musste der Vorstand dafür sorgen, dass auch die entsprechenden Gremien des Verbandes mit allem einverstanden waren.

Die Kindergärten der AWO waren schon sehr gut und vielfältig, es gab zwei Waldkindergärten, in dem die Kinder sich morgens kurz versammelten und nach einem Lied darüber diskutierten, in welchen Waldabschnitt sie heute gehen wollten, um dort zu spielen. Dabei könnte „spielen" einen falschen Eindruck vermitteln. Sie kletterten auf Bäume, sammelten Holz und bauten sich daraus ganz einfache Hütten, oft aber liefen sie auch nur im Wald herum, fanden Käfer oder Pflanzen, die sie nicht kannten und die ihnen dann die Erzieherinnen und Erzieher erklären sollten, was meistens auch gut klappte, weil die sich inzwischen auf diese Tätigkeit eingestellt und viel Naturwissen angeeignet hatten.

In anderen Kindergärten wurde hauptsächlich gemalt oder auch Musik gemacht; und wir als Vorstand strebten an, dass die Kinder auch schon ein wenig technische Experimente machen sollten. Schließlich würden sie auf eine technisierte Welt zugehen. Die Erzieherinnen und Erzieher waren zunächst dagegen, hatten dafür ja auch nicht die richtigen Vorkenntnisse. Wir stellten daher einen VW-Bus zur Verfügung, fanden zwei Erzieher, die kleine Experimente mit den Kindern machen wollten. Sie richteten den Bus dafür ein, stießen aber dabei bei den anderen auf großes Misstrauen. So boten wir an, dass man die Kollegen für einen halben Tag in die jeweilige Kita einladen könnte, wenn die das wollte. Das geschah erst sehr zögerlich, es zeigte sich aber schnell, dass die Kinder ganz begeistert von diesen Experimenten waren, Jungen und Mädchen gleichermaßen, sodass es für die Kollegen bald schwierig wurde, schnell Termine zu vergeben. Sie hatten ja nur zweimal fünf halbe Tage in der Woche zur Verfügung und die AWO hatte 30 Kitas. Sie begannen dann nebenher damit, Experimente vorzubereiten, die sie den Erzieherinnen und Erziehern erklären konnten, sodass sie diese Experimente auch selbst durchführen konnten. Nicht nur die Kinder waren begeistert, viele Eltern auch, und es zeigte sich, dass die Kitas auch mehr Zuspruch bekamen, also neue Kinder angemeldet wurden. Da es in manchen Kitas zu wenige Kinder gab, und man dort die Zahl der Mitarbeiter bald hätte reduzieren müssen und nun etliche neue dazukamen, verbesserte sich auch deren Situation.

Es gab dann noch andere Projekte, die oft nicht so schwierig waren, z. B. der Vorschlag, den Kindern ein wenig Englisch beizubringen. Viel schwieriger war wiederum, dass wir wünschten, dass ein oder zwei Kitas auch am Wochenende zeitweise öffnen sollten. Wir wussten ja, wie viele alleinerziehende Menschen es damals schon gab, die dringend einmal eine Auszeit brauchten, sie aber von der Familie nicht erhalten konnten, weil die zu weit weg war oder aus anderen Gründen. Es gab zwei Anläufe. Das Projekt konnten wir aber nicht weiterführen, weil dann unsere Zeit als Vorstand abgelaufen war.

Glückliche Zeiten? Die ersten beiden Jahrzehnte des neuen Jahrtausends

Wir sind nun schon in den ersten Jahren des neuen Jahrtausend gelandet, denn beide ehrenamtlichen Aufgaben zogen sich bis in diese Zeit hinein. Meine Tätigkeit als Unternehmensberater hatte ich in dieser Zeit auf sehr kleiner Flamme weiterlaufen lassen, sie lief aber noch. Ich wollte sie aber gar nicht mehr richtig hochfahren, stattdessen schrieb ich ein Buch: *Fröhlich Führen* und später ein weiteres: *Sich selbst mehr Zeit schenken*. Diese Bücher habe ich bei Veranstaltungen den Teilnehmern auch angeboten.

In dieser Zeit ging dann auch meine zweite Ehe in die Brüche, denn meine Frau trennte sich von mir. Wir hatten vorher schon Probleme miteinander gehabt, eine Beratung ergab aber nichts, weil immer der Vorwurf im Raum stand: Du musst dich ändern, aber ich erhielt keine Hinweise, in welcher Hinsicht ich mich ändern müsste. Es gab keinen besonderen Anlass; meine Frau suchte sich eine neue Wohnung, erst angeblich, weil sie ihre Praxis nicht mehr in unserem Haus führen wollte, dann wurde daraus eine Zweizimmerwohnung, kurz darauf eine Dreizimmerwohnung und dann war sie weg.

Mich hat das schwer getroffen und ich habe lange gebraucht, um dies zu verarbeiten. Ich machte eine vierwöchige Fastenkur, als sie auszog, kam in dieser Zeit wenigstens so weit zu mir, dass ich mit mir wieder einigermaßen zurechtkam. Und es ging dann ja auch gleich um den Verkauf des Hauses, weil meine Frau ihren Anteil ausbezahlt haben wollte, und das Geld dafür einfach nicht da war. Das ging natürlich nicht von heute auf morgen, aber irgendwann schaffte ich es dann doch.

Meine Aufträge führte ich auch noch weiter, bekam durch Zufall auch noch einen neuen, der sehr gut dotiert wurde und ich hatte also genug Ablenkung, und das half mir dann auch ein wenig. Die Gedanken darüber, was da losgewesen war, haben mich nie verlassen, aber sie haben schon bald mein Leben nicht mehr bestimmt.

Gegen Ende des ersten Jahrzehnts, 2007, begann dann die Finanzkrise, eigentlich der erste große Krieg nach dem Zweiten Weltkrieg, die auch nicht nur die Banken betraf, sondern sich auch auf die Wirtschaft stark auswirkte. Und auch wenn der Ursprung in den USA lag, waren die Auswirkungen in Deutschland massiv, sodass man sich auf allen politischen Ebenen ernsthaft damit befassen musste und das auch tat, um die Wirtschaft wieder stabil in Gang zu bringen, was am Ende auch besser und schneller gelang, als viele befürchtet hatten. Aber die Angst davor war noch lange spürbar. Man hatte ja zum ersten Mal erfahren, dass die Weltwirtschaft nicht immer nur ein Vorteil für den Export sein konnte, sondern man auch davon abhängig war und dies sich auch negativ auswirken konnte. Erschreckend war auch, wie schnell das alles von Amerika herüberschwappte und wie wenig man auf solch eine Bankenkrise vorbereitet war.

Bald wurde auch Hartz 4 eingeführt, schon 2002, sodass Nachteile, die sonst für viele entstanden wären, abgemildert werden konnten. Bis alles wieder im Lot war, dauerte es noch ein paar Jahre, sodass sich die Angst vor solch einer oder einer ähnlichen Krise tief in die Köpfe aller Menschen einbrannte. Und die Krise war noch nicht lange vorbei, da kamen dann die Millionen von Flüchtlingen aus dem orientalischen und afrikanischen Raum nach Europa und überschwemmten das ganze Gebiet. Angela Merkels Satz: *Wir schaffen das!* war gut gemeint – aber es war nicht zu schaffen, schon gar nicht schnell, denn auch hierauf war niemand vorbereitet. Allein schon die Unterbringung war ein riesiges Problem, die Gemeinden waren schnell überfordert, denn es gab ja längst nicht genug leer stehende Wohnungen. Auch viele Menschen fühlten sich überfordert, denn viele wollten nicht so viele Menschen ganz anderer Kulturen in ihrem Land sehen. Und es war ja auch schwierig genug mit vielen von ihnen, denn längst nicht alle sprachen überhaupt Deutsch, oft auch nur wenig Englisch, hatten sich aber von Deutschland das gelobte Land versprochen. Aber sie waren da und blieben fast auch alle. Man sah weniger das Leid; dass diese Menschen ertragen hatten, sondern nahm mehr wahr, dass sie hier nur sehr gut versorgt waren.

Ich war ja selbst einmal Flüchtling gewesen, wenn auch in einer anderen Zeit, aber ich hatte viel Mitleid mit diesen Menschen und meldete mich als Deutschlehrer, die von der Gemeinde gesucht wurden. Leider waren aber die Erfahrungen, die ich im ehrenamtlichen Deutschunterricht machte, oft sehr negativ. Die Leute mussten kein Deutsch lernen, es gab jedenfalls anfangs keinerlei Vorgaben für sie und so verhielten sie sich auch. In einem der Kurse, die ich begann, waren in der ersten Stunde 20 Leute anwesend, in der nächsten waren es noch acht, in der dritten noch drei. Ich habe diesen Kurs dann aufgegeben, startete dann aber noch einmal einen Versuch, da kamen die Teilnehmer erst regelmäßiger, dann blieben auch sie wieder weg. Sie müssten zum Arzt wurde mir gesagt oder sie wollten zum Arbeitsamt, ganz oft war nur die Hälfte der Teilnehmer da.

Ich kam mit mehreren ins Gespräch, fragte sie dann auch, ob sie denn in Deutschland bleiben wollten. Viele sagten, sie wollten bleiben, es ginge ihnen hier gut. Ich sagte ihnen, wenn sie hierblieben, müssten sie doch ein wenig Deutsch können, um arbeiten zu können. Viele wollten das aber nicht. Einer sagte mir: Er und seine Frau hätten drei Kinder, planten noch zwei oder drei zu bekommen, dann könnten sie vom Kindergeld leben, müssten nicht arbeiten gehen. Da die Teilnehmer fast alle auch im Unterricht kaum mitmachten und ich auch keine Möglichkeit hatte, sie dazu zu bewegen, gab ich auch diesen Kurs wieder auf.

Ich muss sagen, dass sich meine Einstellung Flüchtlingen gegenüber dadurch doch verändert hat. Ich weiß, dass meine Erfahrungen mit ihnen keineswegs repräsentativ sind, ich sie also auch nicht verallgemeinern kann, und dass sie nicht nur des Geldes wegen nach Deutschland gekommen sind. Aber man muss bemängeln, dass die deutschen Behörden anfangs nicht mehr Wert darauf gelegt haben, dass die Flüchtlinge wenigstens Deutsch lernen. Wenn ich jetzt höre, wie manchmal berichtet wird, dass Flüchtlinge schon vier Jahre in Deutschland sind, kein Deutsch können und dann Nachhilfe für ihre Kinder in der Grundschule einfordern, kann ich nur sagen, dass das schlecht ist, auch für die Kinder. In eine meiner Deutschklassen brachte der Vater oft seine 11jährige Tochter mit, die für ihn übersetzte. Er wollte gar nicht Deutsch lernen und sagte das auch. Und ich weiß aus Gesprächen, dass viele Menschen in Deutschland solche Erfahrungen gemacht haben und daraus auch oft die Abneigung gegen die Flüchtlinge resultiert.

Ich mache daraus kein Pauschalurteil über Flüchtlinge, will das Problem aber auch nicht unter den Teppich kehren. Meine berufliche Tätigkeit hatte ich zugunsten des Deutschunterrichts dann aufgegeben, als ich 75 wurde. Hauptgrund war aber, dass ich merkte, dass ich den Unternehmen doch allmählich zu alt wurde, was ich auch verstehen konnte. Bei uns gab es, als ich noch jung war, den Spruch: *Trau keinem über 30.* Ich habe diesen Spruch nie vergessen und immer versucht, den Menschen das Gefühl zu geben, dass das, was ich ihnen erzählte, auch zeitlich gesehen richtig war, also auch in ihre Welt passte. Aber es war ja ein Wunder, dass ich meinen Job so lange ausüben konnte. Jetzt lebe ich mit meiner dritten Frau zusammen, wir machten und machen viele Reisen, auch als sie noch arbeitete. Aber da sie eine eigene Praxis hatte, konnte sie immer wieder eine kürzere Zeit frei nehmen, wenn das mit den Patienten zu vereinbaren war.

Ich wollte dann eigentlich die Hospizarbeit wieder aufnehmen, aber da sagte man mir – wie schon oben erwähnt – in Burgwedel, ich sei zu alt dafür. Eine andere Beschäftigung kam mir nicht in den Sinn, und so ging ich auch geistig in Rente, wendete mich wieder dem Lesen zu, schrieb auch noch ein Buch, das *Wutbuch Mir reichts – armes Deutschland*, aber ich war auch zufrieden, nun die Dinge tun zu können, die ich tagsüber einfach tun wollte.

Deutschlands glückliche Zeiten?

Gut, 75 Jahre sind nun seit dem Zweiten Weltkrieg vergangen, der so schrecklich viel Leid über die Welt und Deutschland brachte. Da kann man schon einmal einen Rückblick auf diese Zeit des Friedens bei uns werfen. Ich habe in dieser Zeit gelebt, habe kein besonderes Leben gehabt, bin auch nichts Besonderes geworden, habe aber ein lebendiges und vielfältiges Leben führen können. Vor allem, weil diese Zeit so viele Chancen bot. Und ich weiß auch, dass es so auch vielen anderen Menschen ging. Klar: Faulheit war nie angesagt, wir haben von unseren Eltern gelernt, dass man arbeiten, etwas leisten muss, um sich etwas leisten zu können. Aber wir hatten auch die Chance zu arbeiten, die meisten jedenfalls.

Das war in Ostdeutschland ganz anders. Die Menschen in diesem Gebiet haben auch hart arbeiten müssen, aber sie haben nicht so wie die Westdeutschen von ihren Leistungen profitiert. Wir in Westdeutschland hatten das Glück, dass bei uns eine echte Demokratie eingerichtet wurde und auch Bestand hatte. Man kann den Vätern der Bundesrepublik und auch den Besatzungsmächten in diesem Gebiet gar nicht genügend dafür danken, mit dem Grundgesetz eine solche Basis für diese Entwicklung geschaffen zu haben. Wir konnten miterleben, wie anders das Leben in Ostdeutschland verlief, wie viel ihnen oft fehlte, wie sie nicht so frei waren wie wir, nicht so frei in den Urlaub fahren konnten und nicht entscheiden durften, wann und wohin sie fahren.

Es waren zwei völlig verschiedene Länder und doch waren beide Deutschland. Beide kamen aus derselben Geschichte, hatten beide im selbst verursachten Krieg schwer gelitten, nur dass der eine Teil dann von Russland übernommen wurde. Und die Einführung der kommunistischen Herrschaft durch Deutsche, die vorher in Russland gewesen waren, erwies sich für das Land als schrecklich. Man konnte sich gegen diese Macht, die aufgebaut wurde, nicht wehren; es gab dann schnell die vielen

Überwachungsmöglichkeiten, die verhinderten, dass man sich zur Wehr setzen konnte. Wer das versuchte, landete schnell im Gefängnis.

Und es war ja nicht so, dass die ostdeutschen Gebiete vor dem Krieg wirtschaftlich schwächer gewesen wären als die westdeutschen. Wie viele weltberühmte Firmen stammten von dort. Wie viel Kultur boten die Städte dort! Aber wie viel von den Fabriken wurde auch nach Russland gebracht, sodass das Land geschwächt wurde. Aber ohne die wirtschaftlich unfähige Politik der Regierung hätte man das Land sicherlich auch besser aufbauen können. Aber die Regierung war nun einmal da, hatte auch schnell ein Machtgefüge aufgebaut und war dadurch nicht zu stürzen, auch wenn es zwischendurch versucht wurde.

Ganz anders eben die Lage in Westdeutschland und in der Folge der Wiedervereinigung in ganz Deutschland. Wann ging es der Bevölkerung Deutschlands in der Geschichte wie in diesen Zeiten des Friedens schon einmal so gut: keine ernsthafte Kriegsgefahr in dieser ganzen Zeit, selbst der Konflikt zwischen Ost- und Westdeutschland stellte nie eine ernsthafte Kriegsgefahr dar. Wenn man die Städte und Gebiete im Osten Deutschlands kurz nach der Wiedervereinigung gesehen hat und heute sieht: Wie anders sehen sie heute aus, und wie gut hat sich die Wirtschaft dort entwickelt. Und all dies geschah schließlich nicht von selbst, sondern hat viel Kraft gekostet und auch viel Geld.

Und dennoch sind bei uns viele unzufrieden. Ich will nicht so tun, als sei bei uns alles in bester Ordnung, aber wir können uns dennoch glücklich schätzen, wie gut es uns immer noch geht.

Gerade in der Coronakrise sahen wir, wie schnell vieles im Land gefährdet sein kann. Und doch sind wir diesen Krankheitserregern nicht so hilflos ausgeliefert wie die Menschen zu Zeiten der Pest, die in ganz Europa und Deutschland auch von 1346 bis 1353 wütete und durch die geschätzte 25 Millionen Menschen ihr Leben verloren.

Ich denke, wir können dankbar dafür sein, dass es uns so gut geht und wir sollten alles dafür tun, dass es so bleibt. Das hat es schließlich noch nie gegeben, dass in ganz Deutschland 75 Jahre kein Krieg stattfand. Das ist doch auch ein Grund, diese 75-jährige Vergangenheit zu feiern. Ich hoffe, dass wir das tun.

Wie schon beschrieben, habe ich während des Studiums immer Geld verdient, dennoch war mir von Anfang an klar, dass ich das Studium in möglichst kurzer Zeit absolvieren wollte. Es gab ja viele verschiedene Vorgaben, was man im Studium zu leisten hatte, Vorgaben über die Proseminare und Hauptseminare, deren Scheine man später bei der Prüfung vorlegen musste.

Glückliche Zeiten? Die Neunzigerjahre

Ich hatte mir die Aufgabe leichter vorgestellt, als sie war. Denn die Vorstände der technischen Bereiche, die ihre Leute ins Ausland schickten, wollten sich natürlich vom Personalwesen nicht reinreden lassen, wen sie hinausschickten und wie sie die Leute integrieren sollten. Und es waren bis dahin hauptsächlich die technischen Bereiche gewesen, die Führungskräfte ins Ausland schickten. Die Abstimmung mit den vielen Vorstandsbereichen war auch deshalb schwierig, weil sich inzwischen alle daran gewöhnt hatten, dass Personalreferenten in diesen Bereichen dies alles mit ihren Kollegen regeln würden und keine Einflussbereiche an das Personalwesen abgeben wollten, schon gar nicht an jemanden, der gerade von Audi gekommen war.

Da auch die Traineeausbildung zu meinem Aufgabenfeld gehörte, konnte ich da ein paar Änderungen vornehmen. So mussten dann alle Trainees, die vorher noch nicht in der Produktion gearbeitet hatten, während der Traineezeit für mindestens drei Wochen ans Band, davon eine Woche auch in der Nachtschicht, wenn das irgend möglich war. Wir wollten, dass sie später – falls sie Führungskräfte bei VW werden würden – wenigstens aus eigener Erfahrung wüssten, wie schwer das ist und was das für den Tagesablauf bedeutet, wenn man Nachtschichten schieben muss. Und die Trainees wurden ja so ausgesucht, weil wir wollten, dass sie später Führungskräfte werden. Außerdem mussten sie während der Traineezeit auch für drei Monate in einem ausländischen Werk arbeiten. Wir wollten ihnen in dieser Zeit möglichst viele Erfahrungen vermitteln. Es gab heiße Diskussionen darüber, ob Audi ein ausländisches Werk sei, denn viele der Bewerberinnen und Bewerber kamen aus der Umgebung von Wolfsburg oder Braunschweig, für sie war schon Hannover so weit weg, eigentlich zu weit. Aber wir konnten uns mit den Veränderungen durchsetzen und auch ein neues Profil für die Trainees verabschieden, das darauf abzielte, junge Menschen anzuwerben, die ein Potenzial zur Führungskraft hatten. Alles ging langsam vor sich, und ich musste lernen, dass es bei VW ganz wichtig war, die Kollegen aus allen Vorstandsbereichen und den Betriebsrat immer rechtzeitig vorher einzubinden, bevor Entschlüsse gefasst wurden.

Auch für die Führungsnachwuchskräfte wurde solch ein Qualifikationsprofil entworfen, angenommen und verabschiedet. Darin war festgelegt, dass die Nachwuchskräfte ein Assessmentcenter durchlaufen mussten und nicht mehr einzelne Vorgesetzte entscheiden konnten, wer Führungsnachwuchskraft wird.

Die Assessmentcenter wurden zwar von uns durchgeführt, die Entscheidungen trafen aber Führungskräfte aus den verschiedenen Geschäftsbereichen, die dafür vorher qualifiziert worden waren.

VW kündigte mir dann den Vertrag, weil ich mich weigerte, Veranstaltungen einer Sekte durchführen zu lassen. Ich habe mich daraufhin selbstständig gemacht als Unternehmensberater und diese Tätigkeit auch eine Zeitlang erfolgreich ausgeübt. Anfang dieses Jahrhunderts wollte ich aber meine Beschäftigung verändern und zu einem großen Teil ehrenamtlich arbeiten.

Ich kam ziemlich schnell auf zwei Arbeitsfelder, das erste war eine Ausbildung zum ambulanten Hospizbegleiter. Nach der Ausbildung sollte man dann schwer kranke und sterbende Menschen begleiten. Schon die Ausbildung war für mich sehr

bereichernd, weil man sich viel mit dem Tod befassen musste und die Diskussion mit den anderen Teilnehmerinnen und
Teilnehmern das eigene Bild vom Tod veränderte. Der Tod verlor seinen Schrecken und wurde zu einem Weg in eine andere,
eine geistige Welt.

Mit dem zweiten Arbeitsfeld fand ich Aufnahme in die AWO
in Hamburg, die jemand suchten, der im Landesvorstand mitarbeitete. Der Landesvorstand wurde von drei Vorständen geleitet,
die vom Vorstand aller Kreise gewählt wurden. Ich bewarb mich
bei der AWO, wurde den Vorständen der Kreise vorgeschlagen
und angenommen. So fuhr ich dann immer zu den Sitzungen
nach Hamburg. Die AWO hatte damals sehr viele Mitglieder und
auch viele Einrichtungen, Kindertagesstätten in vielen Stadtteilen Hamburgs, Altersheime, Heime, in denen Flüchtlinge
untergebracht waren. Dies alles musste vom Vorstand geleitet
werden, was für uns auch eine große Managementaufgabe war.
Es ging ja immer auch um viel Geld für die Bezahlung der Beschäftigten, die Kosten für die Gebäude usw.

Ich musste mich in beide Arbeitsgebiete erst wieder einarbeiten, schaffte das aber ziemlich schnell durch die Hilfe der
Kolleginnen und Kollegen. Beides habe ich etwa acht Jahre
wahrgenommen. Die AWO hat dann den gesamten Vorstand
ausgewechselt, ich wurde nicht wiedergewählt; die Hospizbegleitung musste ich durch etliche Umzüge immer wieder abbrechen, habe sie aber auch immer wieder aufgenommen. Meine zweite Frau, hatte sich inzwischen von mir getrennt und ich
hatte nach einiger Zeit eine neue Frau gefunden, die sich ebenfalls der geistigen Welt zugewandt hatte. Seitdem arbeiten wir
auch beide bei einem ambulanten Hospizdienst.

Im neuen Jahrtausend setzte dann bald die Finanzkrise ein,
die viele Menschen sehr verunsicherte und die oft auch viel Geld
verloren. In dieser Zeit verloren viele Menschen auch den Glauben an eine positive Zukunft. Dazu kamen dann noch weitere
Krisen. Die Kriege in Afghanistan und Syrien waren noch weit
weg gewesen und hatten die Menschen hier nicht so sehr verunsichert; aber als dann die Flüchtlingsmassen nach Europa und

Deutschland strömten, waren doch viele hier sehr beunruhigt. Und als dann in der Ukraine der Krieg mit Russland begann, war das für viele ebenfalls sehr beunruhigend, denn nun war der Krieg plötzlich ganz nahe vor unserer Haustür. Und das hört bis heute nicht auf.

Die Flüchtlingskrise setzte sich immer weiter fort und wird im Bewusstsein der Menschen in Deutschland zu einem Problem. In der Bevölkerung setzt sich immer mehr die Meinung durch, dass die Flüchtlinge viel zu gut behandelt und ausgestattet werden und oft auch nicht arbeiten müssen, obwohl sie es könnten.

Zum Teil liegt diese Unzufriedenheit sicherlich auch daran, dass wir uns an einen sehr hohen Lebensstil gewöhnt und nicht gelernt haben, im großen Stil zu teilen. Und als Frau Merkel bei dem ersten großen Flüchtlingsstrom damals verkündete:

Wir schaffen das! Schien das alles so einfach zu sein; das ist es aber eben nicht. Und man konnte damals auch noch nicht wissen, dass dies nur der Anfang einer großen Bewegung war.

Abschluss

Ich will mit diesem Buch nicht den Eindruck erwecken, dass Deutschland immer nur ein friedliches Land war. Wir hatten in unserem Land und den Nachbarländern in den letzten 75 Jahren Frieden, und ich schätze dies als hohes Gut und großes Glück ein. Wir waren aber auch in Kriege in anderen Ländern verwickelt, so z. B. in Afghanistan und auch in Afrika.

Ich kann und will auch nicht entscheiden, ob diese Einsätze richtig oder falsch waren oder sind, bin aber traurig darüber, dass dabei auch deutsche Menschen zu Tode kamen.

Und nun ist der Krieg Russlands gegen die Ukraine sehr nah an uns herangerückt und macht natürlich vielen Leuten Angst. Dazu kommt, dass viele Menschen, die nicht mehr an eine Wohnung kommen, weil für die Flüchtlinge so viele Wohnungen bereitgestellt werden müssen und auch werden, sehr unzufrieden sind mit unserer innenpolitischen Situation. Ich hoffe sehr, dass es uns gelingt, mit dieser Krise fertig zu werden.

Und ich wünsche mir und uns allen, dass der Frieden für uns äußerst wichtig bleibt und wir uns konsequent für den Frieden hierzulande und in der Welt einsetzen.

Ich wünsche mir und hoffe, dass dieses Buch dazu beiträgt, dieses 75-jährige Jubiläum angemessen zu begehen und zu feiern.

Nachwort

Ich danke allen Menschen, die dazu beigetragen haben, dass dieses *Deutschland 75 Jahre* so erfolgreich und friedvoll war.

DER AUTOR

Dieter Jaehrling, Jahrgang 1939, wurde in Teichwalde (Schlesien) geboren. Nachdem der Vater im Krieg gefallen war, blieb die Verantwortung für die Familie an der Mutter hängen. Mit großer Anstrengung gelang es ihr, dass ihre Kinder auf dem rechten Weg blieben und Dieter Jaehrling sogar Abitur machte und studierte. Er wurde Universitätslektor und Managementtrainer bei Audi und VW. Er schrieb seine Dissertation und viele Aufsätze. Er engagierte sich im Alter ehrenamtlich bei der AWO und als Sterbebegleiter. Noch heute liest und schreibt Dieter Jaehrling gern und treibt regelmäßig Sport. Er ist zum dritten Mal verheiratet und hat 2 Kinder.

DER VERLAG

VINDOBONA
VERLAG · SEIT 1946

ein Verlag mit Geschichte

Bereits seit 1946 steht der Vindobona Verlag im Dienst seiner Bücher und Autoren. Ursprünglich im Bereich periodisch erscheinender Journale tätig, präsentiert sich der Verlag heute als kompetenter Partner für Neuautoren am deutschen, österreichischen und schweizerischen Buchmarkt. Engagement, Verlässlichkeit und Sachverstand – das sind die Grundpfeiler, auf denen der Verlag seit jeher sicher steht.

Sie möchten mit Ihrem Werk das vielseitige Verlagsprogramm bereichern? Der Vindobona Verlag garantiert Ihnen eine professionelle Prüfung Ihres Manuskriptes durch das Lektorat sowie eine zeitnahe Rückmeldung.

Genauere Informationen zum Verlag
finden Sie im Internet unter:

www.vindobonaverlag.com